滙古菁華

（第五册）

UESTCP
电子科技大学出版社

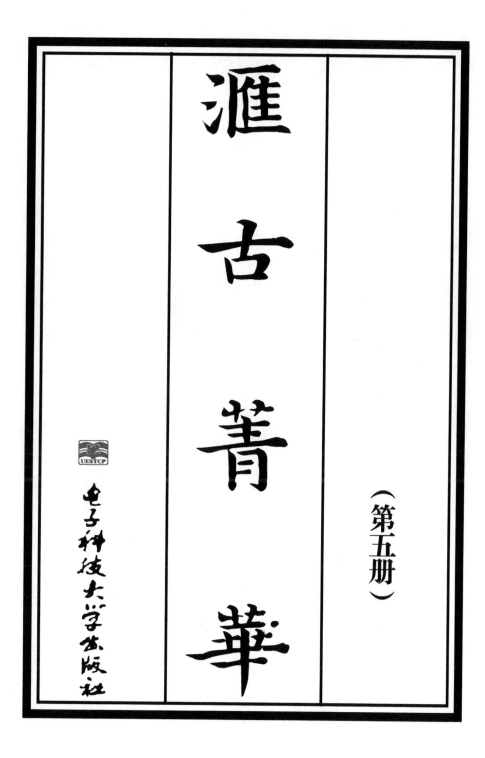

第五册目録

滙古菁華

十四

滙古菁華卷十七

唐文

唐太宗帝京篇序

余以萬機之暇遊息藝文觀列代之皇王考當時之行事軒昊舜禹之上信無間然矣至於秦皇周穆漢武魏明峻宇雕墻窮侈極麗征稅殫於宇宙轍跡徧於天下九域無以稱其求江海不能贍其欲覆亡顛沛不亦宜乎余追蹤百王之末馳心千載之上慷慨懷古想彼哲人庶以尭舜之風蕩秦

漢之弊用咸英之曲變爛漫之音求之人情不爲難矣故觀文教於六經閱武功於七德臺榭取其避燥濕金石尚其諧神人皆節之於中和不係之於淫放故溝洫可悅何必江海之濵乎麟閣可託何必兩陵之間乎忠良可接何必海上神仙乎豐鎬可遊何必瑶池之上乎釋實求華以人從欲亂於大道君子恥之故述帝京篇以明雅志云爾

徐賢妃諫太宗息兵罷役疏

自貞觀以來二十有二載風雨調順年登歲稔人無水旱之弊國無饑饉之災昔漢武守文之常主猶登刻玉之符齊桓小國之庸君尚圖泥金之望陛下推功損已讓德不居億兆傾心猶闕告成之禮云亭停（作佇）謁未展升中之儀此之功德足以咀嚼百王網羅千代者矣然古人有言雖休勿休良有以也守初保末聖哲罕兼是知大業者易驕願陛下難之善始者難終願陛下易之竊見頃年以

來力役兼總東有遼海之軍西有崐丘之役士馬
疲於甲冑舟車倦於轉輸且召募投戎去留懷死
生之痛因風阻浪往來有漂溺之危一夫力耕卒
無數十之獲一船致損則傾數百之糧是猶運有
盡之農工填無窮之巨浪圖未獲之他衆喪已成
之我軍雖除兇伐暴有國常規然黷武玩兵先哲
所戒昔秦皇幷吞六國返速危亡之兆晋武奄有
三方翻成覆敗之業豈非矜功恃大棄德而輕邦
圖利亡害肆情而縱欲遂使悠悠六合雖廣不救

其亡嗷嗷黎庶因弊以成其禍是知地廣非常安之術人勞乃易亂之源願陛下布澤流仁矜弊恤乏減行役之煩增湛露之惠妾又聞爲政之本貴在無爲竊見土木之功不可兼遂北闕初建南營翠微曾未逾時玉華創制雖復因山藉水非無架築之勞損之又損頗有工力之費縱以茅茨示約猶興木石之疲假使和雇取人不無煩擾之弊是以卑宮菲食聖王之所安金屋瑤臺驕主之爲麗故有道之君以逸逸人無道之君以樂樂身願陛

下使之以時則力無竭矣用而息之則人斯悅矣夫珍玩伎巧乃喪國之斧斤珠玉錦繡寔迷心之酖毒竊見服翫纖靡如變化於自然職貢珍奇若神仙之所製雖馳華於季俗實敗素於淳風是知漆器非延叛之方桀造之而人叛玉杯豈招亡之術紂用之而國亡方念侈麗之源不可不遏作法於儉猶恐其奢作法於奢何以制後伏惟陛下明鑒未形智周無際窮奥秘於麟閣盡探頤於儒林千王治亂之蹤百代安危之跡興衰禍福之數得

失成敗之機故亦苞（苞與包同）吞心府之中循環日闔
之内乃宸衷之久察無假一二言焉惟恐知之非
艱行之不易志驕於業泰體逸於時安伏惟抑志
裁心慎終如始削輕過以滋重德擇後是以替前
非則鴻名與日月無窮盛業與乾坤永大

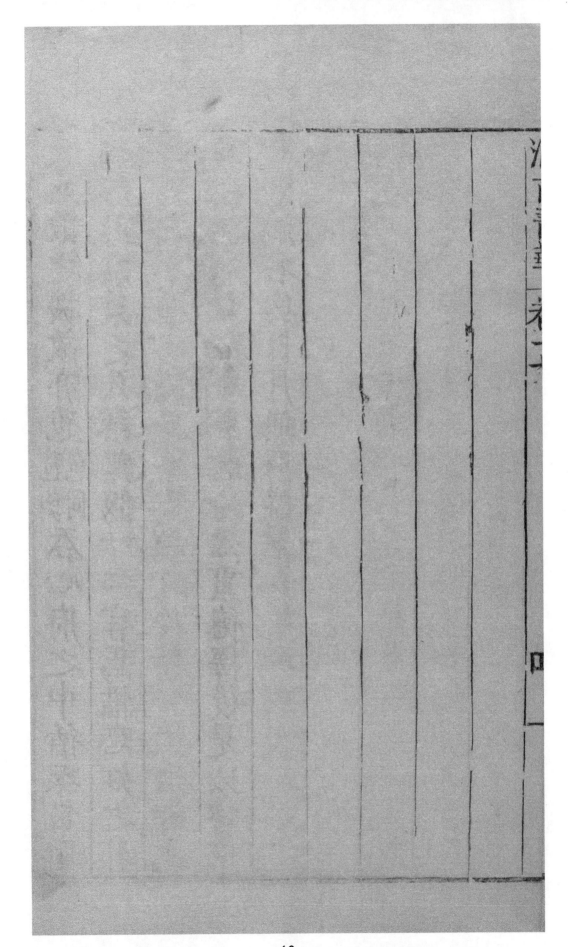

魏徵諫太宗十思疏

臣聞求木之長者必固其根本欲流之遠者必浚其泉源思國之安者必積其德義源不深而望流之遠根不固而求木之長德不厚而思國之安臣雖下愚知其不可而況於明哲乎人君當神器之重居域中之大不念居安思危戒奢以儉斯亦伐根以求木茂塞源而欲流長也凡昔元首承天景命善始者寔繁克終者蓋寡豈取之易守之難乎蓋在殷憂必竭誠以待下既得志則縱情以傲物

竭誠則胡越爲一體傲物則骨肉爲行路雖董之
以嚴刑振之以威怒終苟免而不懷仁貌恭而不
心服怨不在大可畏惟人載舟覆舟所宜深愼誠
能見可欲則思知足以自戒將有作則思知止以
安人念高危則思謙冲而自牧懼滿盈則思江海
下百川樂盤遊則思三驅以爲度憂懈怠則思愼
始而敬終慮壅蔽則思虛心以納下懼讒邪則思
正身以黜惡恩所加則思無因喜以謬賞罰所及
則思無以怒而濫刑總此十思弘茲九得簡能而

任之擇善而從之則智者盡其謀勇者竭其力仁者播其惠信者效其忠文武並用垂拱而治何必勞神苦思代百司之職役哉

[illegible]古書畫卷七

六

房玄齡諫伐高麗表

臣聞兵惡不戢武貴止戈當今聖化所覃無遠不曁上古所不臣者陛下皆能臣之所不制者皆能制之詳觀古今爲中國患害無過突厥遂能坐運神策不下殿堂大小可汗相次束手分典禁衛執戟行間其後延陀鴟張尋就夷滅鐵勒慕義請置州縣沙漠以北萬里無塵至如高昌叛渙於流沙吐渾首鼠於積石偏師薄伐俱從平蕩高麗歷代逋誅莫能討擊陛下責其逆亂殺主虐人親總六

軍問罪遼碣未經旬日即拔遼東前後虜獲數十萬計分配諸州無處不滿雪往代之宿恥掩崤陵之枯骨比功校德萬倍前王此聖主所自知微臣安敢備說且陛下仁風被于率土孝德彰於配天覩夷狄之將亡則指期數歲授將帥之節度則决機萬里屈指而候驛視景而望書符應若神筭無遺策擢將於行伍之中取士於凡庸之末遠夷單使一見不忘小臣之名未嘗再問箭穿七札弓貫六鈞加以留情墳典屬意篇什筆邁鍾張詞窮賈

馬撫萬姓以慈遇羣臣以禮褒秋毫之善解吞舟之網逆耳之諫必聽膚受之愬斯絕好生之德禁障塞於江湖惡殺之仁息鼓刀於屠肆梟鶴荷稻粱之惠犬馬蒙帷蓋之恩降尊吮思摩之瘡登堂臨魏徵之柩哭戰亡之卒則哀動六軍負填道之薪則情感天地重黔黎之大命特盡心於庶獄臣心識昏憒豈足論聖功之深遠談天德之高大哉陛下兼衆美而有之靡不備具微臣深爲陛下惜之重之愛之寶之周易曰知進而不知退知存而

不知亡知得而不知知喪又曰知進退存亡而不失其正者其惟聖人乎由此言之進有退之義存有亡之機得有喪之理老臣所以爲陛下惜之者蓋謂此也老子曰知足不辱知恥不殆臣謂陛下威名功德亦可足矣拓地開疆亦可止矣彼高麗者邊夷賤類不足待以仁義不可責以常理古來以魚鱉畜之直從闊略必欲絶其種類深恐獸窮則搏且陛下每決死囚必令三覆五奏進素食停音樂者蓋以人命所重感動聖慈也況今兵士之徒

無一罪戾無故驅之於戰陣之間委之於鋒刃之下使肝腦塗地魂魄無歸令其老父孤兒寡妻慈母望轉車而掩泣抱枯骨而摧心足以變動陰陽感傷和氣實天下之寃痛也且兵凶器戰危事不得已而用之向使高麗違失臣節而陛下誅之可也侵擾百姓而陛下滅之可也久長能爲中國患而陛下除之可也有一於此雖日殺萬夫不足爲愧今無此三條坐煩中國內爲舊主雪怨外爲新羅報讎豈非所存者小所損者大願陛下遵皇祖

老子止足之誠以保萬代巍巍之名發霈然之恩降寛大之詔順陽春以布澤許高麗以自新焚凌波之船罷應募之衆自然華夷慶賴遠肅邇安臣老病三公朝夕入地所恨竟無塵露微增海岳謹罄殘魂餘息豫代結草之誠倘蒙録此哀鳴卽臣死骨不朽

張蘊古大寶箴

今來古往俯察仰觀惟辟作福爲君實難主普天之下處王公之上任土貢其所求具寮陳其所倡是故恐懼之心日弛邪僻之情轉放豈知事起乎所忽禍生乎無妄固以聖人受命拯溺亨屯歸罪於已因心於民大明無私照至公無私親故以一人治天下不以天下奉一人禮以禁其奢樂以防其佚左言而右事出警而入蹕四時調其慘舒三光同其得失故身爲之度而聲爲之律勿謂無知

居高聽卑勿謂何害積小就大樂不可極樂極生哀欲不可縱縱欲成災壯九重於内所居不過容膝彼昏不知瑤其臺而瓊其室羅八珍於前所食不過適口惟狂妄念丘其糟而池其酒勿内荒于色勿外荒于禽勿貴難得貨勿聽亡國音内荒伐人性外荒傷人心難得之貨侈亡國之音滛勿謂我尊而傲賢慢士勿謂我智而拒諫矜己聞之夏后據饋頻起亦有魏帝牽裾不止安彼反側如春陽秋露巍巍蕩蕩恢漢高大度撫兹庶事如履薄

臨深戰戰慄慄用周文小心詩之不識不知書之無偏無黨一彼此於胸臆損好惡於心想衆棄而後加刑衆悅而後行賞弱其强而治其亂伸其屈而直其枉故曰如衡如石不定物以限物之懸者輕重自見如水如鏡不示物以情物之鑒者妍蚩自生勿渾渾而濁勿皎皎而清勿汶汶而闇勿察察而明雖冕旒蔽目而視於未形雖黈音宙纊音愰塞耳而聽於無聲縱心乎湛然之域遊神於至道之精知之者應洪纖而效響酌之者隨淺深而皆盈

故曰天之經地之寧王之貞四時不言而代序萬
物無言而化成豈知帝力而天下和平吾王撥亂
戡以智力民懼其威未懷其德我皇撫運扇以淳
風民懷其始未保其終爰述金鏡窮神盡聖使人
以心應言以行包括治體抑揚詞令天下爲公一
人有慶開羅起祝援琴命詩一日二日念茲在茲
惟人所召自天祐之諍臣司直敢告前疑

王勃滕王閣序并詩

南昌故郡洪都新府星分翼軫地接衡廬襟三江而帶五湖控蠻荆而引甌越物華天寶龍光射牛斗之墟人傑地靈徐孺下陳蕃之榻雄州霧列俊彩星馳臺隍枕夷夏之交賓主盡東南之美都督閻公之雅望棨音起戟遥臨宇文新州之懿範襜音占帷暫駐十旬休暇勝友如雲千里逢迎高朋滿座騰蛟起鳳孟學士之詞宗紫電清霜王將軍之武庫家君作宰路出名區童子何知躬逢勝餞時維

九月序屬三秋潦水盡而寒潭清煙光凝而暮山紫儼驂騑於上路訪風景於崇阿臨帝子之長洲得仙人之舊館層巒聳翠上出重霄飛閣流丹下臨無地鶴汀鳬渚窮島嶼音序之縈廻桂殿蘭宮列岡巒之體勢披繡闥俯雕甍音蒙山原曠其盈視川澤盱音吁其駭矚音燭閭閻撲地鍾鳴鼎食之家舸音可艦音檻迷津青雀黃龍之軸虹銷雨霽彩徹雲衢落霞與孤鶩齊飛秋水共長天一色漁舟唱晚響窮彭蠡之濱鴈陣驚寒聲斷衡陽之浦遙吟俯暢逸

興遄飛爽籟發而清風生纖歌凝而白雲遏睢園
綠竹氣凌彭澤之樽鄴水朱華光照臨川之筆四
美具二難幷窮睇眄於中天極娛遊於暇日天高
地迥覺宇宙之無窮興盡悲來識盈虛之有數望
長安於日下指吳會於雲間地勢極而南溟深天
柱高而北辰遠關山難越誰悲失路之人萍水相
逢盡是他鄉之客懷帝閽而不見奉宣室以何年
嗚乎時運不齊命途多舛馮唐易老李廣難封屈
賈誼於長沙非無聖主竄梁鴻於海曲豈乏明時

所賴君子安貧達人知命老當益壯寧知白首之心窮且益堅不墜青雲之志酌貪泉而覺爽處涸轍以猶懽北海雖賒扶搖可接東隅已逝桑榆非晚孟嘗高潔空懷報國之心阮籍猖狂豈效窮途之哭勃三尺微命一介書生無路請纓等終軍之弱冠有懷投筆慕宗慤之長風舍簪笏於百齡奉晨昏於萬里非謝家之寶樹接孟氏之芳隣他日趨庭叨陪鯉對今晨奉袂喜託龍門楊意不逢撫凌雲而自惜鍾期既遇奏流水以何慚嗚乎勝地

不常盛筵難再蘭亭已矣梓澤坵墟臨别贈言幸承恩於偉餞登高作賦是所望於羣公敢竭鄙誠恭疏短引一言均賦四韻俱成

滕王高閣臨江渚佩玉鳴鑾罷歌舞畫棟朝飛南浦雲朱簾暮捲西山雨閑雲潭影日悠悠物換星移幾度秋閣中帝子今何在檻外長江空自流

駱賓王姚州道破賊柳諾設弄楊虔露布

尚書兵部臣聞北極列象六合奉天子之尊南面乘乾一統成聖人之業是知衣裳所會義有輯於殊鄰霜露所均誠無育於異類故塗山萬國誅後至者防風丹浦一戎緩前禽者就日然則利弧矢以威天下法雷霆以震域中四時行焉天道不能去殺五兵備矣皇業所以勝殘雖事切救焚苟順時以濟物恩深祝網不獲已而用兵伏惟皇帝陛下登翠嬀以握圖憲紫微而正象玄功不宰混太

始以凝神至道無圖佇華胥而得夢闡文敎以清諸夏崇武功以制九夷環海十洲通波太液之水鄧林萬里交影甘泉之樹反踵穿胸之域襲冠帶以來王奇肱儋音耽耳之酋奉正朔而請吏逆賊蒙儉和舍等浮竹遺僞沉木餘苗邑殊禮義之鄉人習貪殘之性日者皇明廣燭帝道遐竊頗亦削左衽而被朝衣鮮推音追髻音吉而昇華冕而豺狼有性梟獍音竟難馴遂敢亂我天常變九隆而背誕負其地險携七部以稽誅播亂邊疆皴音脆數音攘州郡是

用三門授律長馳無戰之師五月渡瀘(音盧)深入不毛之地去月二十日軍次三朏(音菲)崙鎮前後捕得生口知守捉山差傍山連結十部蠻有徒五萬衆此山即南中巨防也岡巒千里西通大荒之郊溪谷萬重南極炎洲之境聳喬林而掙(音撐)月陰靈有假道之標扳崇巖以隱天陽鳥迴無翼之地峯危束馬路絕懸車賊踞臨代之形垂建瓴之勢徵風召雨蝟起蜂飛騁(與同)雜種以挻灾封狐千里肆沉黎而作孽雄虺九頭臣以爲制敵以權柔遠者理

成於德教伐叛以義決勝者不在於干戈於是廣布朝恩恭宣帝澤申之以安撫曉之以存亡信重鑾陬無負黃龍之約賞隆漢爵不踰白馬之盟地接周驪（音彭）詞屢殫於喻蜀俗通盤瓠（作瓠）聲不輟於吠尭臣遣某等銜枚遠襲卷甲前驅偃危旆而設潛兵疑從天落乘間道而掩不備若出地中又遣某等陟南山之南衝其要害之路又遣某等凌北山之北絕其飛走之途賊首領楊虔等振螳蜋之力拒轍當輪縱蚊蚋之羣彌山滿谷劉惠基等並

忠勤克著智略遠聞識明君之重恩輕生有地提太阿之神劍視死無時彎弧而兇黨土崩舉刃而妖徒瓦鮮雖危苕（音條）沸鼎未窮梟首之誅救死扶傷猶致析骸之釁二十日臣遣某等擁豹貔之雄順天機而左轉遣某等率犀象之卒乘地軸以右迴又遣某等總投石拔距之材蹈中權而撫其背又遣某等騰躍鐵歕（音噴）金之騎犯前茅而扼其喉臣率某等橫玉弩以高臨摐（音摠）金鉦（音征）而直進玄雲結陣影密西郊赤莖揮鋒氣衝南斗颺塵埃而

布地白日爲之晝昏積氛祲以稽天滄溟爲之晦
色兵交刃接鳥散魚驚自卯及申追奔逐北斬首
千餘級轉戰三十里激流膏而爲泉似變萇弘之
血委亂骸而擠壑若泛鱉靈之屍既而照盡高舂
雲昏一夜賊乃收集餘衆保據重巖臣度彼遊魂
慮其宵遁彼三軍齊進四面合圍二十三日乘魚
爛之危啓蛇形之陣揚麾誓衆仗節訓兵一鼓先
登賞必懸於芳餌九攻失律罪無赦於嚴誅五部
雄材三河俠少或生居燕地尤工卽墨之圍或家

本秦人早習昆明之戰叱咤則江山搖蕩慷慨則林壑飛騰舉鵬力以揚威耀犀渠而賈勇澄氛廓祲同夏景之潰春冰滅迹掃塵若霜風之卷秋籜（音托）戰踰百里時歷三朝前後生擒四千餘人斬首五千餘級柳諾等殞元行（音杭）陣懸首旌門蒙儉等委衆奔馳脱身挻險雖復刑以止殺丁壯咸服於誅夷禮不重傷斑白必存於寛宥昔魏臣賦蜀徒聞蒟（音矩）醬之奇漢使開邛纔通竹杖之利豈若麿紫泥而弔伐指場徼以臨戎一戰而孟獲已擒再

舉而哀牢授首斯並皇威遠暢廟略遐宣奉玄猷以配天徒知帝力掩皇輿而闢地豈曰臣功不勝慶快之至謹奉露布以聞

駱賓王爲徐敬業討武曌檄

僞周武氏者人非溫潤地實寒微昔充太宗下陳曾以更衣入侍洎音計乎晚節穢亂春宮潛隱先帝之私陰圖後房之嬖入門見嫉娥眉不肯讓人掩袖工讒狐媚偏能惑主踐元后於翬音揮翟陷吾君於聚麀音幽加以虺蜴音惕爲心豺狼成性近狎邪僻殘害忠良殺姊屠兄弑君鴆母人神之所同嫉天地之所不容猶復包藏禍心窺竊神器君之愛子幽之於別宮賊之宗盟委之以重任嗚呼霍子孟

之不作朱虛侯之已亡鷙啄皇孫知漢祚之將盡龍漦音希帝后識夏庭之遽哀敬業皇唐舊臣公侯冢子奉先君之遺訓荷本朝之厚恩宋微子之興悲良有以也袁君山之流涕豈徒然哉是用氣憤風雲志安社稷因天下之失望順宇內之推心爰舉義旗以清妖孽南連百越北盡三河鐵騎成羣玉軸相接海陵紅粟倉儲之積靡窮江浦黃旗匡復之功何遠班聲動而北風起劒氣沖而南斗平喑嗚則山岳崩頹叱咤則風雲變色以此制敵何

敵不摧以此圖功何功不克公等或居漢地或叶
周親或膺重寄於爪牙或受顧命於宣室言猶在
耳忠豈忘心一坏（音抔）之土未乾六尺之孤安在倘
能轉禍爲福送往事居共立勤王之圖無廢大君
之命凡諸爵賞同指山河若或眷戀窮城徘徊岐
路坐昧先幾之兆必貽後至之誅請看今日之域
中竟是誰家之天下

駱賓王上齊州張司馬啓

某啓昔者薛邑聞歌揖馮諼於彈鋏夷門命駕顧侯嬴於抱關何則志合風雲載笠鈞乎乘馬情諧道術忘筌貴乎得魚是以挹蘭言于斷金交蓬心于匪石庶清音默聽賞流水於牙絃妙思通神叶成風於郢匠伏惟公流源白水浸地軸以輪波纂慶黃軒感星精而誕命綴珠華於七曜聯玉葉於五雲至夫神石摛祥靈鈞表貺千年馭鶴振仙駕於帝鄉七葉珥貂襲榮光於戚里因以紛綸國諜

昭晰家聲洎乎鹿走周原輔秦圖而興霸蛇分沛澤翼唐運以基皇常山王之玉潤金聲傅望侯之蘭薰桂馥羽儀百代掩粱竇以霞褰鍾鼎門一時罩袁揚而嶽立故得重規遠鏡湛月路以流清茂祉遐鏽架雲門而擢秀公飛英鳳穴藻五色以凝華頡耀龍泉涵九重而毓潤風情疎朗霜明月湛之姿氣骨端嚴雪白氷清之槩若乃性符神授道櫝生知挫三端於情鋒朝九流於學海博聞强記辨晉國之黃熊將聖多能識吳門之白馬言泉潄逈

鷲瀑布以飛瀾文江澹清含濯錦而翻浪欝槐市
以增茂穆蘭室以流芳於是翔鱸應符觀光上國
飛龍成卦利見大人摶羊角以垂天展驥足而騰
景翼貳藩邸紹敬祖之清廉光贊外臺陳君回之
亮直推公平而折獄嚙鼠謝其嚴明攤端懲而行仁
化蛇懃其智勇加以清規日舉湛虛照於氷壺玄
鑒露凝朗機心於水鏡謙光自牧恭己愛人片善
必甄揖虞翻於東箭一言可紀許顧榮於南金其
疾抱支離材均臃腫進不能提蘭分竹綰銀黃於

銀臺退不能絕粒茹芝鍊金丹於地肺而出沒風塵之內淪漂名利之間游無毛薛之交仕乏金張之援塊然獨處者一紀于茲矣然而日夜相代恐溝壑以非遥窮病交侵思薛蘿之可託常顧處幽棲寂追夏黄於商山樂道棲真從魯連於滄海豈圖語默易爽心迹難逃從槁之根逾深攀桂之情徒結是用絕心乾沒躭閱丘墳謁子持於南荆訪康成於北海西遊梁益仰司馬王楊之風東入臨淄慕淳于管晏之智瞻言前古徒欲思齊俯惟當

今空勞懷刺不意雲浮礎潤霜落鍾鳴揖郭泰於
靈舟有道斯在賞鬷[illegible]明於徹俎盛德猶存雖雅
調清歌誠寡和於郢路而庸容濫吹竊混奏於齊
竽輕課撮囊揄揚盛德庶金波離旱零陸之石自
飛瑶光建寅蕭丘之火暫熱學慙麟角德類鴻毛
愧汗如漿憂心若厲

駱賓王上司列太常伯啟

側聞魯澤祥麟希委質於宣父吳坂逸驥試長鳴於孫陽是則所貴在乎見希所屈伸乎知已故彫其樸嶧山有半死之桐賞其聲柯亭無朽枯之竹伏惟明常伯公儀天聳構橫九霄而拓基浸地開源控四紀而疏派自赤文薦祉曲阜分帝子之靈紫氣浮仙函谷識真人之秀本枝百代君子萬年道叶神交黃石授帝師之畧德由天縱白雲隆王輔之精峰秀學山列三墳而仰止瀾清筆海委九

流以朝宗登小魯之巖辨練光於曳馬臨大吳之國識寶氣於連牛垂秋實於談叢絢春花於詞苑辨河飛箭激浪翻白馬之津文江散珠圓波漱驪龍之穴是用德茂麟趾削桐葉以分珪道暖鶴池映桃花而曳綬既而揆畱皇鑒忠簡帝心奉職春宮爍離光於青殿代工天府明台燿於紫宸綜理玄風爕諧元氣含輝禮樂同皎日以流光毓彩文章映德星而開照君乃識度宏達器宇疏通明允篤誠盛業隆於厚土惠和忠肅玄功格於上天則

伊陟謝其緝熙巫咸懃其保乂舉才應器與士無私水鏡澄花炫金波於靈府氷壺徹鑒朗玉燭於神機則鄧攸莫際其瀾盧敏罕窺其術故使姸媸各安其分輕重不失其權五教克敷百揆時叙折衝千里魯連談笑之功師表一時郭泰人倫之度加以分庭讓士虛席禮賢片善經心揖仲宣於蔡席一言合道接然明於鄭堦某蓬廬布衣桑樞韋帶自弱齡植操本謝聲名中年誓心不期聞達上則執鞭爲士王庭希干祿之榮次則捧檄入官私

室庶代耕之禄然而忠不聞於十室學無專於一經退異善藏進殊巧宦搏羊角而高翥浩若無津附驥尾以上馳邈焉難託實欲投竿垂餌晦幽迹於渭濱抱甕灌園絶心機於漢渚幸屬乾坤浩大與觀鳥飛光華嵩山動萬歲之聲德水應千年之色雖無爲光宅欣預比屋之封而有道賤貧恥作歸田之賦然是獨來甕牖利見金門指帝鄉以望雲赴長安以就日美芹之願徒有獻於至尊蟠木之姿誰登[illegible]谷於左右明公唯幾成務論道經邦一

顧之隆駘足逾於仙鹿片言之重魚目軼於靈虵
庶望顧兎羅箕動薰風於舜海從龍潤礎霈甘澤
於兗雲則鱠餘之魚希振鱗於吳水膳後之豕翻
化黿於魯津拜伏階墀增其氷谷謹啟

駱賓王上裴吏部書

四月一日武功縣主簿駱賓王謹再拜奉書吏部侍郎裴公執事易曰書不盡言言不盡意然則意在乎象非書無以達其微辭隱乎情非言無以筌其旨僕誠鄙人也頗覽前事每讀書見高堂九仞會輿負北向之悲積粟萬鍾季路有南遊之歎未嘗不廢書輟卷流涕沾衣何者情蓄自衷事符則感形潛於內迹應斯通是用布腹心瀝肝膽庶大雅舍弘之量矜小人悃款之誠惟君侯察焉賓王

一藝罕稱十年不調進寡金張之援退無毛薛之遊亦何嘗獻策干時高談王霸術才揚巳歷詆公卿不汲汲於策名不戚戚於早位蓋養親之故也豈謀身之道哉不圖君侯忽垂過聽禮以弓招之恩任以書記之事擬人則多慚阮瑀入幕則高謝郗超夫聶政荆卿刺客之流也田光豫讓烈士之分也咸以勢利相傾意氣相許尚且捐軀燕趙甘死齊韓今君侯無求於下官見接以國士正當陪麾後殿奉節前驅賈餘勇以求榮效輕生而報施

所以逡巡於成命躊躇於從事者徒以夙遭不造幼丁閔凶老母在堂常嬰羸恙藜藿無甘旨之膳松檟闕遷厝之資撫躬存亡何心天地故寢食夢想噬指之戀徒深歲時蒸嘗崩心之痛罔極若僕者固名教中一罪人耳何面目以奉三軍之事乎况屬天倫之喪奄踰七月違膝下之養忽至三年而凶服之制將終哀痛之情未洩興言永慕擧目增傷夫怨於衷者哀聲可以應木石感於情者至性可以通神明故徐元直指心以求辭李令伯陳

情以窮訴上以棄興王之佐命下以全奉親之篤誠而蜀主不以爲非晉君待之逾厚此二人者豈貪貧賤惡榮華厭萬乘之交甘匹夫之辱也蓋有不得已之情者哉倘有乾没爲心脂韋成性捨慈親之色養許明公以驅馳内忘顧復之私外存傳會之眷薄骨肉厚榮寵苟背恩以自效則君侯何以處之且義士期乎貞夫忠臣出乎孝子旣不能推心以奉母亦焉能死節以事人假物議之無嫌實吾斯之未信也流沙一去絕塞千里子愴入塞

之竈母切倚廬之塋就令歡以卒歲仰南薰之不貲而更憂能傷人迫西山而何幾君侯情深錫類類切天經明恕待人慈心應物倘矜犬馬之微願憫烏鳥之私情寬其負恩遂其終養則窮魂有望老母知歸賓王死罪再拜

李白春夜宴桃李園序

夫天地者萬物之逆旅光陰者百代之過客而浮生若夢爲歡幾何古人秉燭夜遊良有以也況陽春召我以煙景大塊假我以文章會桃李之芳園序天倫之樂事羣季俊秀皆爲惠連吾人詠歌獨慚康樂幽賞未已高談轉清開瓊筵以坐花飛羽觴而醉月不有佳作何伸雅懷如詩不成罰依金谷酒數

李白與韓荊州書

白聞天下談士相聚而言曰生不用封萬戶侯但願一識韓荊州何令人之景慕一至於此豈不以周公之風躬吐握之事使海內豪俊奔走而歸之一登龍門則聲價十倍所以龍蟠鳳起之士皆欲收名定價於君侯君侯不以富貴而驕之寒賤而忽之則三千之中有毛遂使白得穎脫而出即其人焉白隴西布衣流落楚漢十五好劍術徧干諸侯三十成文章歷抵卿相雖長不滿七尺而心雄

萬夫昔王公大人許以義氣此疇曩心跡安敢不盡於君侯哉君侯制作侔神明德行動天地筆參造化學究天人幸願開張心顏不以長揖見拒必若接之以高宴縱之以清談請日試萬言倚馬可待今天下以君侯爲文章之司命人物之權衡一經品題便作佳士而今君侯何惜階前盈尺之地不使白揚眉吐氣激昂青雲耶昔王子師爲豫州未下車卽辟荀慈明旣下車又辟孔文舉山濤作冀州甄拔三十餘人或爲侍中尚書先代所美而

君侯亦一薦嚴協律入爲秘書郎中間崔宗之房習祖黎昕許瑩之徒或以才名見知或以清白見賞白每觀其卹恩撫躬忠義奮發白以此感激知侯推赤心於諸賢之腹中所以不歸他人而願委身國士倘急難有用敢效微軀且人非堯舜誰能盡善白謨猷籌畫安能自矜至於制作積成卷軸則欲塵穢視聽恐雕蟲小伎不合大人若賜觀芻蕘請給紙筆兼之書人然後退掃閑軒繕寫呈上庶青萍結綠長價於薛卞之門幸推下流大開獎

飾君侯圖之

李華弔古戰場文

浩浩乎平沙無垠〔音銀〕敻不見人河水縈帶羣山糾紛黯兮慘悴風悲日曛蓬斷草枯凜若霜晨鳥飛不下獸挺亡羣亭長告余曰此古戰場也常覆三軍往往鬼哭天陰則聞傷心哉秦歟漢歟將近代歟吾聞夫齊魏徭戍荆韓召募萬里奔走連年暴露沙草晨牧河冰夜渡地闊天長不知歸路寄身鋒刃腷〔音筆〕臆誰訴秦漢而還多事四夷中州耗斁無世無之古稱戎夏不抗王師文教失宣武臣用

奇奇兵有異於仁義王道迂闊而莫爲嗚呼噫嘻吾想夫北風振漠胡兵伺便主將驕敵期門受戰野豎旄旗川迴組練法重心駭威尊命賤利鏃穿骨驚沙入面主客相搏山川震眩聲析江河勢崩雷電至若窮陰凝閉凛冽海隅積雪沒脛堅冰在鬚鷙鳥休巢征馬踟躕繒纊無溫墮指裂膚當此苦寒天假强胡憑陵殺氣以相剪屠徑截輜重橫攻士卒都尉親降將軍復没屍塡巨港之岸血滿長城之窟無貴無賤同爲枯骨可勝言哉鼓衰兮

力盡矢竭兮絃絶白刃交兮寶刀折兩軍蹙兮生死決降矣哉終身夷狄戰矣哉骨暴沙礫（音歷）鳥無聲兮山寂寂夜正長兮風淅淅（音習）魂魄結兮天沉沉鬼神聚兮雲冪冪（音密）日光寒兮草短月色苦兮霜白傷心慘目有如是耶吾聞之牧用趙卒大破林胡開地千里遁逃匈奴漢傾天下財殫力痡任人而已其在多乎周逐獫狁北至太原旣城朔方全師而還飲至策勳和樂且閑穆穆棣棣君臣之間秦起長城竟海爲關荼毒生靈萬里朱殷（音山）漢

擊匈奴雖得陰山枕骸徧野功不補患蒼蒼烝民
誰無父母提携捧負畏其不壽誰無兄弟如足如
手誰無夫婦如賓如友生也何恩殺之何咎其存
其没家莫聞知人或有言將信將疑悁悁心目寢
寐見之布奠傾觴哭望天涯天地爲愁草木凄悲
弔祭不至精魂何依必有凶年人其流離嗚呼噫
嘻時耶命耶從古如斯爲之柰何守在四夷

馮用之機論

機者機也經緯天下織綜人事而已矣機者微也發之至微用之至廣大人行之則合於道細人竊之則階於亂合道所以濟世階亂所以滅身濟世機之利者也滅身機之害者也知利而不知害雖去其害害必悅之知害而不知利雖就其利利必違之知利而知害知去而知就其惟聖人乎文王武王知機之君也箕子周公知機之臣也夫三才設位而機行乎其中矣得之者昌失之者亡善用

則集乎百祥昧用則來乎百殃故天之一發星宿爲之移易地之一發龍蛇爲之起陸人之一發天地爲之反覆范蠡善用也勾踐以之克霸無極昧用也楚國於焉殄瘁至哉斯術也莫不以合義爲本趣特爲用苟悖於義則悅隨者寡未逢於時則虛其事稽其取與離合之際可謂神矣雖離婁之目不可視烏獲之力不可制南金之利不可斷迅雷之聲不可及夫神器至重也堯不與子而禪於舜盖取聖之機也舜不讓丹朱而復禪禹盖取時

之機也兄弟至親周公離於管蔡取賢之機也秦越之疏嬴氏合於由余取霸之機也設令堯與丹朱而棄舜億兆之心竟歸於虞則不謂之聖帝矣舜忘大義而顧小節不承堯而禪禹則不謂之明君矣周公暱管蔡而不戮必墜文武之業則不謂之賢臣矣秦伯鄙由余而不用必失四方之士則不謂之霸主矣天下雖聞之而不可知雖見之而不可測善爲國者如偃師馬民如幻也欲之動欲之靜機在於我豈當不悅乎善爲君者猶造父馬人猶馬也欲之東欲之

西策在於我豈有能爲乎經曰不獨親其親則天下皆親不獨子其子則天下皆子是機也我以天下爲親爲子天下孰不以我爲親爲子乎夫然災害不生禍亂不作此聖人之旨也則知欲安者必先安於人欲利者必先利於人能安人而人不安之能利人而人不利之未之有也漢祖入關不行殺戮善安人也秦室寶貨悉分士卒善利人也卒收天下之心亶天下之福此聖人之作也項籍反是而亡不亦宜乎善爲臣者不厚於身而厚於君不潤於室而潤於國厚

於君忠也潤於國公也既忠且公君其薄之哉民其怨之哉祿位其去之哉雖不厚於身而身自厚矣不潤於室而室自潤矣此君子之爲也鄭賁侯處位而舉淮陰厚君者也入秦不取金璧而取圖籍潤國者也故能位冠三傑聲流萬古韓信忌尅鄙生殛逐田橫欲有功而自厚貪賞而自潤終貽伊慼雲夢生禽夫域中至大之謂道天下至賾之謂機有道無機守死而一身獨善有機無道好謀而彝倫攸斁伯夷叔齊守死也豈謂億兆塗炭侯周

武哉李斯趙高好謀也豈知刑政酷毒失民心哉
機道相湏盡善盡美然而發機之要實資於時故
進而得時亦機也退而得時亦機也取而得時亦
機也語而得時亦機也默而得時亦機也進得其
時則有利伊尹干湯是也退得其時則無悶二踈
辭禄是也取得其時則必穫耳羅陟相是也捨得
其時則元吉泰伯去吳是也語得其時則見信傅
說是也默得其時則保身微子是也故進不相時
則凶晁錯所以見誅也退不相時則禍白起所以

伏劍也取不相時則招客許伐鄭也捨不相時則有悔虞棄虢也語不相時則殆辱薛冶諫其君也默不相時則受謗子家從其賊也所以失之毫釐差之千里故君子得其機則仇讎變爲心腹況其恩者乎失其機則親暱反爲勍敵況其疎者乎齊桓用讐能盡管仲之謀九合諸侯一匡天下衛懿好鶴失於臣下之望國之有難士卒不戰夫如是則一得一失易於反掌一興一亡疾如旋踵爲國家者可不務乎或者曰老氏云以智治國國之賊

不以智治國國之福然則智非機耶機非智耶答曰機者生於智者也智者隨其性者也大人君子得其遠者大者爲而不有功成不居使天下熙熙然若登春臺如享太牢不知帝力故爲國之福非謂其無慮無思兀兀然如草木鳥獸而能治國者也細人曲士得其小者近者嗜欲繫焉矜伐在焉是非生焉争鬪興焉故爲國之賊聖人慮百世之後善人少而不善人多垂此玄言蓋抑揚之旨也且聖人不仁以百姓爲芻狗不仁之人豈非機耶

國不用機以克永世匪我攸聞夫茫茫六經萬機之圍昭昭前史萬機之鑑仲尼云知幾其神乎有旨哉有旨哉

馮用之權論

大哉鼓天下之動成天下之務反於常而致治違於道而合利非權其孰能與於此乎夫權者適一時之變非悠久之用然則適變於一時利在於悠久者也聖人知道德有不可爲之時禮義有不可施之時刑名有不可威之時由是濟之以權也其或不可爲而爲則禮義如畫餅充饑矣不可施而施則禮樂如說河濟渴矣不可威而威則刑名如治絲而棼矣豈惟乖理適足資亂故用權之際道

德可棄禮義可置刑名可弛及乎發號施令如風
偃草衆知嚮方莫敢不服與夫道德禮義刑名之
功又何異哉雖曰棄之置之弛之盖殊途而同歸
也故權者國家之利器也輜重可離而權不可失
兵食可去而權不可無迅雷發則群物驚大風起
則萬彙振嚴霜列則衆木落暹日昇則百卉秀孰
爲此者曰天地也天地尚或用之而況於人乎夫
休祥不見則中庸之君不能力行而躋於聖咎徵
不作則殘暴之主不能革心而至於道福其善君

子所以知勸禍其淫小人所以知戒夫天之德至仁也地之道無私也至仁則不傷於物何乃行肅殺之令乎盖秋不殺則春無以生矣無私則不黨於人何乃長垂災沴之變乎盖惡不癉則善無以彰矣一弛一張天道乃長一懲一勸天道乃遠觀天之道執天之行盡矣是以君子則而象之體而行之故當不合用而用不合棄而棄不合賞而賞不合誅而誅者皆從權而制宜也聖人以神道設教俾民日用而不知權之時義大矣哉高宗知傳

說之賢欲委之代天取於皁隸之徒議於百辟之上慮群情弗協事難以濟故稱夢得賢相乃刻像而求之商之中興賴善權之主也文王知太公之賢欲擢居輔弼搜於屠釣之間致於三公之上庶士靡靡恐未適從故稱天遺我師乃出畋而獲之周之永年賴善權之君也此二君苟懼設詐之損德固執信而循常則傳巖虛老而莫伸渭濱沒齒而不用棟梁斯壞其何以興夫權之大端在於利害而已矣利萬而害一害之何傷害百而利十利

之必亡苟害於事雖鄙俚之議君子懼之苟利於後雖先王興教達人抗行也子雖至親西伯食其肉不然則死於羑里也父雖至尊沛公索其羹不然則臣於項籍也西伯非不慈蓋子已死不食則已身亦斃沛公非不孝蓋其父爲虜奔赴則已身亦降又何益乎能捨無益之慈孝成莫大之基業大人之權變不可得而聞也夫是非未明向背未定成敗未測取與未决當此之時行權之時也故權可以明是非定向背測成敗决取與穰苴布衣

見景公景公委之以兵柄斬一寵臣三軍畏懾克成其功也孫武被褐謁吳王吳王試以教戰戮三嬖妾衆女整齊卒顯其能也易曰巽以行權巽風也風行也無不可動之物無不可往之所權之用無不可治之時無不可成之事昔晉文公見天王於河陽譎則譎矣而夾輔之勳垂於史冊鬻拳諫楚子以兵刃悖則悖矣而盡忠之節著於春秋夫事有先奪而後與先順而後取太甲不治伊尹放之俟其改過而反其政公子光謀亂伍胥避之乃

進專諸以成其志然後盡事君之節雪殺父之寃不其偉歟夫乾坤之道易簡也而猶窮則變變則通通則能久故王公設權以固其國知變以馭其民善馭者視人如嬰孩悟之誘之莫不胥悦不善馭者以民爲規矩謂方圓定矣不能苟合善權變者如奕棋焉或取或捨或進或退無固無必皆任其勢也捨非資敵蓋捨小而取大退非怯彼蓋進損而退益孔子曰可與共學未可與立可與立未可與適道可與適道未可與權得非權之難乎觀

其相魯君於夾谷挫其銳於罇俎當是時齊侯强而不强魯君弱而不弱聖人之智不亦多乎夫獸廢爪牙則充群獸之腸矣禽鎩羽翮則供衆禽之羞矣人失權變則爲英雄之資矣三十輻之車制之者梶萬乘之國統之者權五賊在心神至聽而莫測三盜既與物雖衆而皆覩至哉始離而終合始逆而終順始非而終是始失而終得權之旨也或曰機之與權同乎異乎對曰異也設於事先之謂機應於事變之謂權機之先設猶張羅待鳥來

則獲矣權之應變猶荷戈禦獸審其勢也知機而不知權者得於預謀失於臨事知權而不知機者巧於臨事拙於預謀知機而知權者帝霸之君也王佐之臣也自五帝既降捨機權而能治天下者未之有也

湘[illegible][illegible]　卷十七　　四[illegible]

傅奕請除佛法表

佛在西域言妖路遠漢譯胡書恣其假託使不忠不孝削髮而揖君親遊手遊食易服以逃租賦僞啓三塗謬張六道恐愒愚夫詐欺庸品乃追懺既往之罪虛規將來之福布施萬錢希萬倍之報持齋一日冀百日之糧遂使愚迷妄求功德不憚科禁輕犯憲章有造爲惡逆身墜刑網方乃獄中禮佛規免其罪且生死壽夭由於自然刑德威福關之人主貧富貴賤功業所招而愚僧矯詐皆云由

佛竊人主之權擅造化之力其爲害政良可悲矣降自羲農至於有漢皆無佛法君明臣忠祚長年久漢明帝始立胡神西域桑門自傳其法西晉已上國有嚴科不許中國之人輒行髡髮之事洎于符石羌胡亂華主庸臣佞政虐祚短梁武齊襄足爲明鏡今天下僧尼數盈十萬翦刻繒綵裝束泥人競爲厭魅迷惑萬姓請令匹配即成十萬餘戶產育男女十年長養一紀教訓可以足兵四海免蠶食之殃百姓知威福所在則妖惑之風自革淳

朴之化還興竊見齊朝章仇子佗表言僧尼徒衆糜損國家寺塔奢侈虛費金帛爲諸僧附會宰相對朝譏毀諸尼依託妃主潛行謗讟子佗竟被囚縶刑於都市周武平齊制封其墓臣雖不敏竊慕其蹤

韓愈原道

愽愛之謂仁行而宜之之謂義由是而之焉之謂道足乎已無待於外之謂德仁與義爲定名道與德爲虛位故道有君子有小人而德有凶有吉老子之小仁義非毀之也其見者小也坐井而觀天曰天小者非天小也彼以煦煦爲仁孑孑爲義其小之也則宜其所謂道道其所道非吾所謂道也其所謂德德其所德非吾所謂德也凡吾所謂道德云者合仁與義言之也天下之公言也老子所

謂道德云者去仁與義言之也一人之私言也周道衰孔子没火于秦黄老於漢佛于晉宋魏隋齊梁之閒其言仁義道德云者不入於楊則入于墨不入于墨則入于老不入于老則入于佛入于彼必出於此入者主之出者奴之入者附之出者汙之噫後之人其欲聞仁義道德之說孰從而聽之老者曰孔子吾師之弟子也佛者曰孔子吾師之弟子也爲孔子者習聞其說樂其誕而自小也亦曰吾師亦嘗師之云耳不惟舉之于口而又筆之

于書噫後之人雖欲聞仁義道德之說其孰從而求之甚矣人之好恠也不求其端不訊其末惟恠之欲聞古之爲民者四今之爲民者六古之教者處其一今之教者處其三農之家一而食粟之家六工之家一而用器之家六賈之家一而資焉之家六奈之何民不窮且盜也古之時人之害多矣有聖人者立然後教之以相生之道爲之君爲之師驅其蟲蛇禽獸而處其中土寒然後爲之衣饑然後爲之食木處而顛土處而病也然後爲之宮

室爲之工以贍其器用爲之賈以通其有無爲之醫藥以濟其夭死爲之葬埋祭祀以長其恩愛爲之禮以次其先後爲之樂以宣其湮鬱爲之政以率其怠勸爲之刑以鋤其强梗相欺也爲之符璽斗斛權衡以信之相奪也爲之城郭甲兵以守之害至而爲之備患生而爲之防今其言曰聖人不死大盜不止剖斗折衡而民不爭嗚呼其亦不思而已矣如古之無聖人人之類滅久矣何也無羽毛鱗介以居寒熱也無爪牙以爭食也是故君者

出令者也臣者行君之令而致之民者也民出粟
米麻絲作器皿通貨財以事其上者也君不出令
則失其所以爲君臣不行君之令而致之民則失
其所以爲臣民不出粟米麻絲作器皿通貨財以
事其上則誅今其法曰必棄而君臣去而父子禁
而相生相養之道以求其所謂清淨寂滅者嗚呼
其亦幸而出于三代之後而不見黜於禹湯文武
周公孔子也其亦不幸而不出于三代之前不見
正于禹湯文武周公孔子也帝之與王其號雖殊

其所以爲聖一也夏葛而冬裘渴飲而饑食其事雖殊其所以爲智一也今其言曰曷不爲太古之無事是亦責冬之裘者曰曷不爲葛之之易也責饑之食者曰曷不爲飲之之易也傳曰古之欲明明德於天下者先治其國欲治其國者先齊其家欲齊其家者先修其身欲修其身者先正其心欲正其心者先誠其意然則古之所謂正心誠意將以有爲也今也欲治其心而外天下國家滅其天常子焉而不父其父臣焉而不君其君民焉而不

事其事孔子之作春秋也諸侯用夷禮則夷之夷
而進于中國則中國之經曰夷狄之有君不如諸
夏之亡詩曰戎狄是膺荆舒是懲今也舉夷狄之
法而加之先王之教之上幾何其不胥而爲夷也
夫所謂先王之教者何也愽愛之謂仁行而宜之
之謂義由是而之焉之謂道足乎已無待於外之
謂德其文詩書易春秋其法禮樂刑政其民士農
工賈其位君臣父子師友賓主昆弟夫婦其服麻
絲其居宮室其食粟米蔬果魚肉其爲道易明其

爲教易行也是故以之爲己則順而祥以之爲人則愛而公以之爲心則和而平以之爲天下國家無所處而不當是故生則得其情死則盡其常郊焉而天神假廟焉而人鬼享曰斯道也何道也曰斯吾之所謂道也非向所謂老與佛之道也堯以是傳之舜舜以是傳之禹禹以是傳之湯湯以是傳之文武周公文武周公傳之孔子孔子傳之孟軻軻之死不得其傳焉荀與楊也擇焉而不精語焉而不詳由周公而上上而爲君故其事行由周

公而下下而爲臣故其說長然則如之何而可也曰不塞不流不止不行人其人火其書廬其居明先王之道以道之鰥寡孤獨廢疾者有養也其亦庶乎其可也

韓愈原毀

古之君子其責已也重以周其待人也輕以約重以周故不怠輕以約故人樂爲善聞古之人有舜者其爲人也仁義人也求其所以爲舜者責於已曰彼人也予人也彼能是而我乃不能是早夜以思去其不如舜者就其如舜者聞古人有周公者其爲人也多才與藝人也求其所以爲周公者責於已曰彼人也予人也彼能是而我乃不能是早夜以思去其不如周公者就其如周公者舜大聖

人也後世無及焉周公大聖人也後世無及焉是人也乃曰不如舜不如周公吾之病也是不亦責于己者重以周乎其於人也曰彼人也能有是是足爲良士矣能善是是足爲藝人矣取其一不責其二即其新不究其舊恐恐然惟懼其人不得爲善之利一善易脩也一藝易能也其於人也乃曰能有是是亦足矣曰能善是是亦足矣是不亦待於人者輕以約乎今之君子則不然其責人也詳其待己也廉詳故人難於爲善廉故自取也少己

未有善曰我善是是亦足矣已未能曰我能是是亦足矣外以欺于人内以欺于心未少有得而止矣是不亦待于已者已廉乎其於人也曰彼雖能是其人不足稱也彼雖善是其用不足稱也舉其一不計其十究其舊不圖其新恐恐然惟懼其人之有聞也是不亦責於人者已詳乎夫是之謂不以衆人待其身而以聖人望於人吾未見其尊已也雖然爲是者有本有原怠與忌之謂也怠者不能修而忌者畏人修吾嘗試之矣嘗試語於衆曰

某良士某良士其應者必其人之與也不然則其所疎遠不與同其利者也不然則其畏也不若是强者必怒於言懦者必怒於色矣又甞語于衆曰某非良士某非良士其不應者必其人之與也不然則其所疎遠不與同其利者也不然則其畏也不若是强者必說於言懦者必說于色矣是故事修而謗興德高而毀來嗚呼士之處此世而望名譽之光道德之行難矣將有作于上者得吾說而存之其國家可幾而理歟

韓愈師說

古之學者必有師師者所以傳道受業解惑也人非生而知之者孰能無惑惑而不從師其爲惑也終不解矣生乎吾前其聞道也固先乎吾吾從而師之生乎吾後其聞道也亦先乎吾吾從而師之吾師道也夫庸知其年之先後生於吾乎是故無貴無賤無長無少道之所存師之所存也嗟乎師道之不傳也久矣欲人之無惑也難矣古之聖人其出人也遠矣猶且從師而問焉今之衆人其去

聖人也亦遠矣而恥學於師是故聖益聖愚益愚
聖人之所以爲聖愚人之所以爲愚其皆出於此
乎愛其子擇師而教之於其身也則恥師焉惑矣
彼童子之師授之書而習其句讀者也非吾所謂
傳其道解其惑者也句讀之不知惑之不解或師
焉或不焉小學而大遺吾未見其明也巫醫藥師
百工之人不恥相師士大夫之族曰師曰弟子云
者則羣聚而笑之問之則曰彼與彼年相若也道
相似也位卑則足羞官盛則近諛嗚呼師道之不

復可知矣巫醫百工之人君子鄙之今其智乃反不能及可恠也歟聖人無常師萇弘師襄老聃剡子之徒其賢不及孔子孔子曰三人行必有我師焉故弟子不必不如師師不必賢於弟子聞道有先後術業有專攻如斯而已李氏子蟠年十七好古文六藝經傳皆通習之不拘於時請學於余余嘉其能行古道作師說以貽之

韓愈進學解

國子先生晨入太學招諸生立館下誨之曰業精於勤荒於嬉行成於思毀於隨方今聖賢相逢治具必張拔去兇邪登崇俊良占小善者率以錄名一藝者無不庸爬（音巴）羅剔抉刮垢磨光蓋有幸而獲選孰云多而不揚諸生業患不能精無患有司之不明行患不能成無患有司之不公言未既有笑於列者曰先生欺予哉弟子事先生於茲有年矣先生口不絕吟於六藝之文手不停披於百家

之編記事者必提其要纂言者必鉤其玄貪多務得細大不捐焚膏油以繼晷恒兀兀以窮年先生之業可謂勤矣觝(音底)排異端攘斥佛老補苴罅漏張皇幽眇尋墜緒之茫茫獨旁搜而遠紹障百川而東之迴狂瀾於既倒先生之於儒可謂勞矣沉浸醲郁含英咀華作為文章其書滿家上規姚姒渾渾無涯周誥殷盤佶(音吉)屈聱牙春秋謹嚴左氏浮誇易奇而法詩正而葩下逮莊騷太史所錄子雲相如同工異曲先生之於文可謂閎其中而肆

其外矣少始知學勇于敢爲長通於方左右具宜先生之於爲人可謂成矣然而公不見信於人私不見助於友跋前疐後動輒得咎暫爲御史遂竄南夷三爲博士冗不見治命與仇謀取敗幾時冬暖而兒號寒年登而妻啼饑頭童齒豁竟死何裨不知慮此反教人爲先生曰吁子來前夫大木爲杗（音忙）細木爲桷欂（音博）櫨（音盧）侏儒椳（音煨）闑扂楔（音甲）各得其宜以成室屋者匠氏之功也玉札丹砂赤箭青芝牛溲馬渤敗鼓之皮俱收並蓄待用無遺者

醫師之良也登明選公雜進巧拙紆餘爲妍卓犖爲傑較短量長惟器是適者宰相之方也昔者孟軻好辯孔道以明轍環天下卒老於行荀卿守正大論以興逃讒於楚廢死蘭陵是二儒者吐辭爲經舉足爲法絶類離倫優入聖域其遇於世何如也今先生學雖勤而不繇其統言雖多而不要其中文雖奇而不濟其用行雖修而不顯於衆猶且月費俸錢歲糜廩粟子不知耕婦不知織乘馬從徒安坐而食踵常途之役役窺陳編以盜竊然而

聖主不加誅宰臣不見斥茲非幸歟動而得謗名亦隨之投閑置散乃分之宜若夫商財賄之有亡計班資之崇卑忘巳量之所稱指前人之瑕疵是所謂詰匠氏之不以杙音乙爲楹而訾醫師以昌陽引年欲進其豨苓也

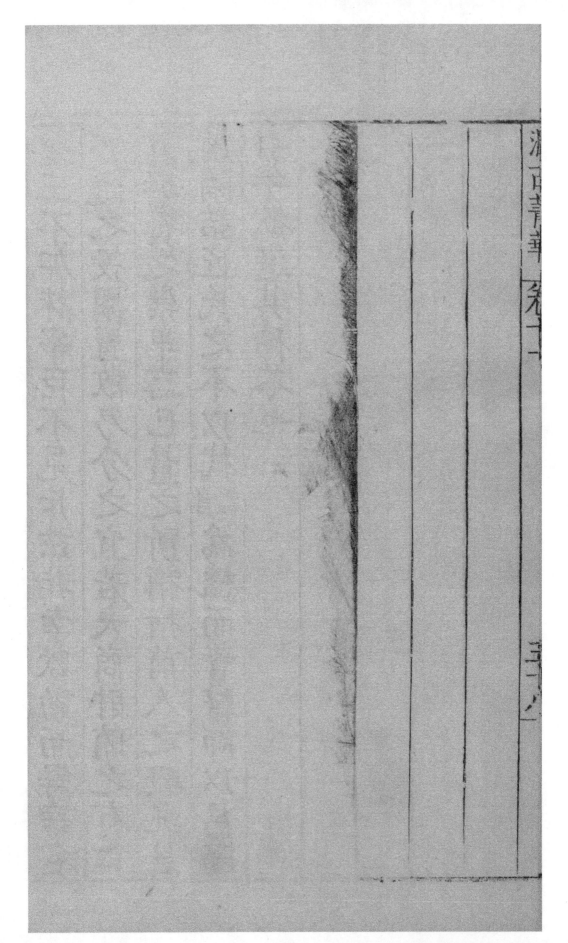

韓愈諍臣論

或問諫議大夫陽城於愈可以爲有道之士乎哉學廣而聞多不求聞於人也行古人之道居於晉之鄙晉之鄙人薰其德而善良者幾千人大臣聞而薦之天子以爲諫議大夫人皆以爲華陽子不色喜居於位五年矣視其德如在野彼豈以富貴移易其心哉愈應之曰是易所謂恒其德貞而夫子凶者也惡得爲有道之士乎哉在蠱之上九云不事王侯高尚其事蹇之六二則曰王臣蹇蹇匪

躬之故夫不以所居之時不一而所蹈之德不同也若蠱之上九居無用之地而致匪躬之節蹇之六二在王臣之位而高不事之心則冒進之患生曠官之刺興志不可則而尤之不終無也今陽子在位不爲不久矣聞天下之得失不爲不熟矣天子待之不爲不加矣而未嘗一言及于政視政之得失若越人視秦人之肥瘠忽焉不加喜戚于其心問其官則曰諫議也問其祿則曰下大夫之秩也問其政則曰我不知也有道之士固如是乎哉

且吾聞之有官守者不得其職則去有言責者不得其言則去今陽子以爲得其言乎哉得其言而不言與不得其言而不去無一可者也陽子將爲祿仕乎古之人有云仕不爲貧而有時乎爲貧謂祿仕者也宜乎辭尊而居卑辭富而居貧若抱關擊柝者可也蓋孔子嘗爲委吏矣嘗爲乘田矣亦不敢曠其職必曰會計當而已矣必曰牛羊遂而已矣若陽子之秩祿不爲卑且貧章章明矣而如此其可乎哉或曰否非若此也夫陽子惡訕上者

惡爲人臣招其君之過而以爲名者故雖或諫且議使人不得而知焉書曰爾有嘉謀嘉猷則入告爾后于內爾乃順之于外曰斯謀斯猷惟我后之德夫陽子之用心亦若此者愈應之曰若陽子之用心如此茲所謂惑者矣入則諫其君出不使人知者大臣宰相之事非陽子所宜行也夫陽子本以布衣隱於蓬蒿之下主上嘉其行誼擢在此位官以諫爲名誠宜有以奉其職使四方後代知朝廷有直言骨鯁之臣天子有不僭賞從諫如流之

羨庶巖穴之士聞而慕之束帶結髮願進於闕下而伸其辭說致吾君於堯舜熙鴻號於無窮也若書所謂則大臣宰相之事非陽子之所宜行也且陽子之心將使君人者惡聞其過乎是啓之也或曰陽子不求聞而人聞之不求用而君用之不得已而起守其道而不變何子過之深也愈曰自古聖人賢士皆非有心求于聞用也閔其時之不平人之不義得其道不敢獨善其身而必以兼濟天下也孜孜矻矻死而後已故禹過家門而不入孔

席不暇暖而墨突不能黔彼二聖一賢者豈不知自安佚之爲樂哉誠畏天命而悲人窮也夫天授人以賢聖才能豈使自有餘而已誠欲以補其不足者也耳目之於身也耳司聞目司見聽其是非視其險易然後身得安焉聖賢者時人之耳目也時人者聖賢之身也且陽子之不賢則將役於身以奉其上矣若果賢固畏天命而閔人窮也惡得以自暇逸乎哉或曰吾聞君子不欲加諸人而惡訐以爲直者若吾子之論直則直矣無乃傷於德

而費于辭乎好盡言以招人過國武子之所以見殺於齊也吾子其亦聞乎愈曰君子居其位則思死其官未得位則思修其辭以明其道我將以明道也非以爲直而加人也且國武子不能得善人而好盡言於亂國是以見殺傳曰惟善人能受盡言謂其聞而能改之也子告我曰陽子可以爲有道之士也今雖不能及已陽子將不得爲善人乎

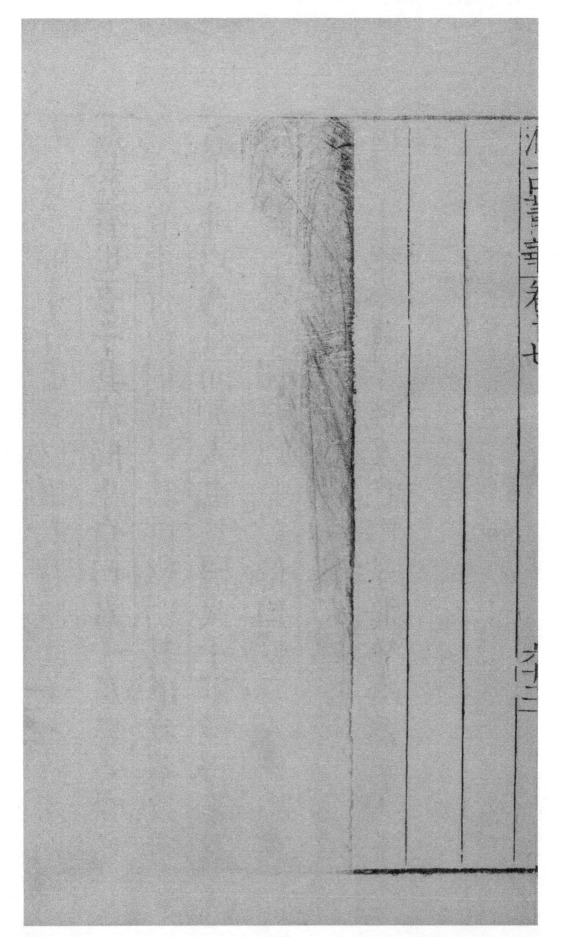

韓愈與于襄陽書

七月三日將仕郎守國子四門愽士韓愈謹奉書尚書閣下士之能享大名顯當世者莫不有先達之士負天下之望者爲之前焉士之能垂休光照後世者亦莫不有後進之士負天下之望者爲之後焉莫爲之前雖美而不彰莫爲之後雖盛而不傳是二人者未始不相須也然而千百載乃一相遇焉豈上之人無可援下之人無可推歟何其相須之殷而相遇之疎也以故在下之人負其能不

肯諂其上上之人負其位不肯顧其下故高材多戚戚之窮盛位無赫赫之光是二人者之所爲皆過也未嘗干之不可謂上無其人未嘗求之不可謂下無其人愈之誦此言久矣未嘗敢以聞於人側聞閣下抱不世出之才特立而獨行道方而事實卷舒不隨乎時文武惟其所用豈愈所謂其人哉未聞後進之士有遇知於左右獲禮於門下者豈求之而未得邪將志存乎立功而事專乎報主雖遇其人未暇禮邪何其宜聞而久不聞也愈雖

不材其自處不敢後於常人閤下將求之而未得
歟古人有言請自隗始愈今者惟朝夕芻米僕賃
之資是急不過廢閤下一朝之享而足也如曰吾
志存乎立功而事專乎報主雖遇其人未暇禮焉
則非愈之所敢知也世之齪齪者既不足以語之
磊落奇偉之人又不能聽焉則信乎命之窮也謹
獻舊所爲文一十八首如賜覽觀亦足以知其志
之所存愈恐懼再拜

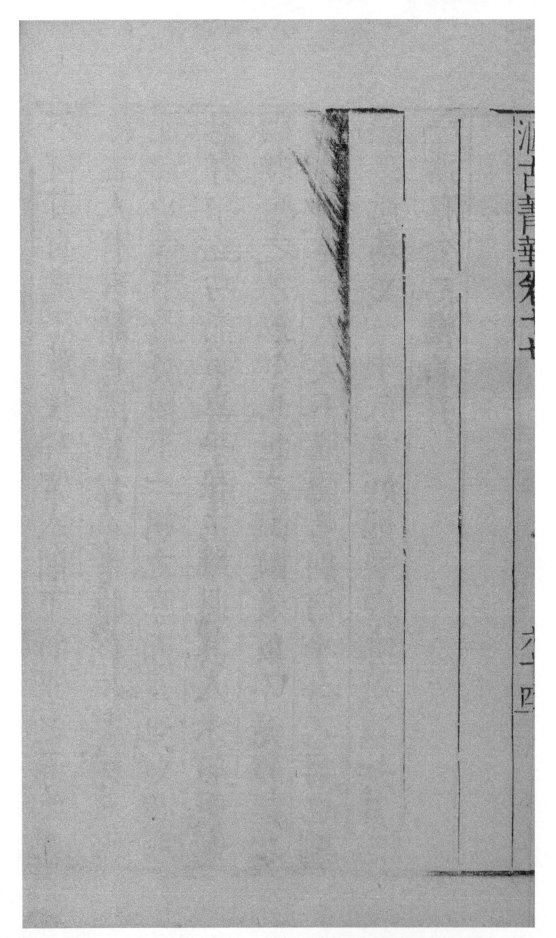

韓愈與陳給事書

愈再拜愈之獲見於閣下有年矣始者亦甞辱一言之譽貧賤也衣食於奔走不得朝夕繼見其後閣下位益尊伺候於門墻者日益進夫位益尊則賤者日隔伺候於門墻者日益進則愛博而情不專愈也道不加修而文日益有名夫道不加修則賢者不與文日益有名則同進者忌始之以日隔之疏加之以不專之望以不與者之心聽忌者之說由是閣下之庭無愈之迹矣去年春亦甞一進

謁於左右矣温乎其容若加其新也屬乎其言若閔其窮也退而喜也以告於人其後如東京取妻子又不得朝夕繼見及其還也亦嘗一進謁于左右矣邈乎其容若不察其愚也悄乎其言若不接其情也退而懼也不敢復進今則釋然悟翻然悔曰其邈也乃所以怒其來之不繼也其悄也乃所以示其意也不敏之誅無所逃避不敢遂進輒自疏其所以并獻近所爲復志賦已下十首爲一卷卷有標軸送孟郊序一首生紙寫不加裝飾皆有

楷字注字處急於自鮮而謝不能竢更爲闕下獻

其意而略其禮可也愈恐懼再拜

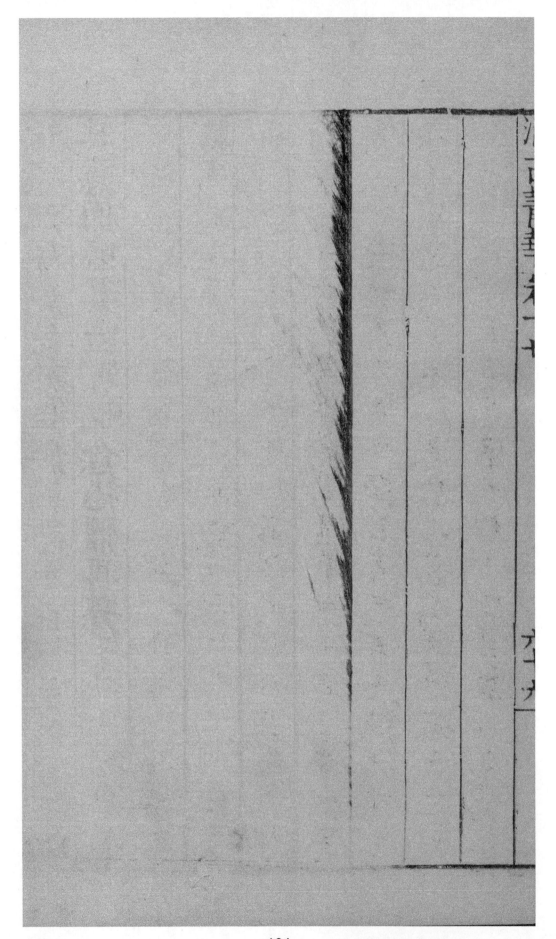

韓愈送孟東野序

大凡物不得其平則鳴草木之無聲風撓之鳴水之無聲風蕩之鳴其躍也或激之其趨也或梗之其沸也或炙之金石之無聲或擊之鳴人之於言也亦然有不得已而後言其謌也有思其哭也有懷凡出乎口而為聲者其皆有弗平者乎樂也者鬱於中而泄於外者也擇其善鳴者而假之鳴金石絲竹匏土革木八者物之善鳴者也維天之於時也亦然擇其善鳴者而假之鳴是故以鳥鳴春

以雷鳴夏以虫鳴秋以風鳴冬四時之相推奪其
必有不得其平者乎其於人也亦然人聲之精者
爲言文辭之於言又其精者也尤擇其善鳴者而
假之鳴其在於唐虞咎陶禹其善鳴者也而假之
以鳴夔弗能以文辭鳴又自假於韶以鳴夏之時
五子以其歌鳴伊尹鳴殷周公鳴周凡載於詩書
六藝皆鳴之善者也周之衰孔子之徒鳴之其聲
大而遠傳曰天將以夫子爲木鐸其弗信矣乎其
末也莊周以其荒唐之辭鳴於楚楚大國也其亡

也以屈原鳴臧孫辰孟軻荀卿以道鳴者也楊朱墨翟管夷吾晏嬰老聃申不害韓非慎到田駢鄒衍尸佼孫武張儀蘇秦之屬皆以其術鳴秦之興李斯鳴之漢之時司馬遷相如楊雄最其善鳴者也其下魏晉氏鳴者不及於古然亦未嘗絕也就其善鳴者其聲清以浮其節數以急其辭滛以哀其志弛以肆其爲言也亂雜而無章將天醜其德莫之顧耶何爲乎不鳴其善鳴者也唐之有天下陳子昂蘇源明元結李白杜甫李觀皆以其所能

鳴其存而在下者孟郊東野始以其詩鳴其高出晉魏不懈而及於古其他浸淫乎漢氏矣從吾遊者李翺張籍其尤也三子者之鳴信善鳴矣抑不知天將和其聲而使鳴國家之盛耶抑將窮餓其身思愁其心腸而使自鳴其不幸耶三子者之命則懸乎天矣其在上也奚以喜其在下也奚以悲東野之役於江南也有若不懌然者故吾道其命於天者以解之

韓愈送石洪處士序

河陽軍節度御史大夫烏公爲節度之三月求士於從事之賢者有薦石先生者公曰先生何如曰先生居嵩邙瀍穀之間冬一裘夏一葛食朝夕飯一盂蔬一盤人與之錢則辭請與出游未嘗以事免勸之仕則不應坐一室左右圖書與之語道理辯古今事當否論人高下事後當成敗若河決下流而東注若駟馬駕輕車就熟路而王良造父爲之先後也若燭照數計而龜卜也大夫曰先生有

以自老無求於人其肯爲某來耶從事曰大夫文
武忠孝求士爲國不私於家方今寇聚於恒師環
其疆農不耕收財粟殫亡吾所處地歸輸之塗治
法征謀宜有所出先生仁且勇若以義請而強委
重焉其何說之辭於是撰書詞具馬幣卜日以授
使者求先生之廬而請焉先生不告於妻子不謀
於朋友冠帶出見客拜受書禮於門內宵則沐浴
戒行李載書冊問道所由告行於常所往來晨畢
至張上東門外酒三行且起有執爵而言者曰大

夫真能以義取人先生真能以道自任決去就爲先生別又酌而祝曰凡去就出處何常惟義之歸遂以爲先生壽又酌而祝曰使大夫恒無變其初無務富其家而餞其師無苟受佞人而外敬正士無味於諂言惟先生是聽以能有成功保天子之寵命祝曰使先生無圖利於大夫而私便其身圖先生起拜祝辭曰敢不敬蚤夜以求從祝規於是東都之士咸知大夫與先生果能相與以有成也

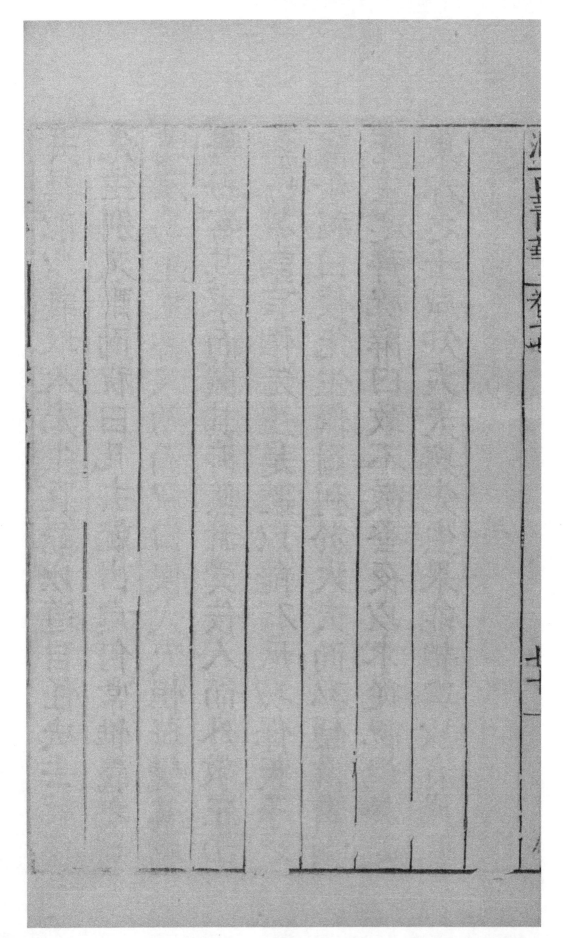

韓愈送李愿歸盤谷序

太行之陽有盤谷盤谷之間泉甘而土肥草木叢茂居民鮮少或曰謂其環兩山之間故曰盤或曰是谷也宅幽而勢阻隱者之所盤旋友人李愿居之愿之言曰人之稱大丈夫者我知之矣利澤施于人名聲昭于時坐於廟堂進退百官而佐天子出令其在外則樹旗旄羅弓矢武夫前呵從者塞途供給之人各執其物夾道而疾馳喜有賞怒有刑才畯滿前道古今而譽盛德入耳而不煩曲眉

豐頰清聲而便體秀外而惠中飄輕裾翳長袖粉白黛緑者列屋而閑居妬寵而負恃爭妍而取憐大丈夫之遇知於天子用力於當世者之所爲也吾非惡此而逃之是有命焉不可幸而致也窮居而野處升高而望遠坐茂樹以終日濯清泉以自潔採於山美可茹釣於水鮮可食起居無時惟適所安與其譽於前孰若無毀於其後與其樂於身孰若無憂於其心車服不維刀鋸不加理亂不知黜陟不聞大丈夫不遇於時者之所爲也我則行

之伺候於公卿之門奔走於形勢之途足將進而趦（音雌）趄（音趦）口將言而囁（音折）嚅（音儒）處汙穢而不羞觸刑辟而誅戮僥倖於萬一老死而後止者其於爲人賢不肖何如也昌黎韓愈聞其言而壯之與之酒而爲之歌曰

盤之中維子之宮盤之土維子之稼盤之泉可濯可湘盤之阻誰爭子所窈而深廓其有容繚而曲如往而復嗟盤之樂兮樂且無殃虎豹遠跡兮蛟龍遁藏鬼神守護兮呵禁不祥飲且食

兮壽而康無不足兮奚所望膏吾車兮秣吾馬

從子於盤兮終吾生以徜徉

韓愈平淮西碑

天以唐克肖其德聖子神孫繼繼承承於千萬年敬戒不怠全付所覆四海九州罔有内外悉主悉臣高祖太宗既除既治高宗中睿休養生息至於玄宗受報收功極熾而豐物衆地大孽牙其間肅宗代宗德祖順考以勤以容大慝適去稂莠不薅相臣將臣文恬武嬉習熟見聞以爲當然睿聖文武皇帝既受羣臣朝乃考圖數貢曰嗚呼天既全付予有家今傳次在予予不能事事其何以見於

郊廟羣臣震慴奔走率職明年平夏又明年平蜀又明年平江東又明年平澤潞遂定易定致魏博貝衛澶相無不從志皇帝曰不可究武予其少息九年蔡將死蔡人立其子元濟以請不許遂燒舞陽犯葉襄城以動東都放兵四劫皇帝歷問於朝一二外臣皆曰蔡帥之不廷授於今五十年傳三姓四將其樹本堅兵利卒頑不與他等因撫而有順且無事大官臆決唱聲萬口和（去聲）附并為一談牢不可破皇帝曰惟天惟祖宗所以付任予者庶

其在此予何敢不力况一二臣同不爲無助曰光
顔汝爲陳許帥維是河東魏博郃音合陽三軍之在
行者汝皆將之曰重胤汝故有河陽懷今益以汝
維是朔方義成陜益鳳翔延慶七軍之在行者汝
皆將之曰弘汝以卒萬二千屬而子公武往討之
曰文通汝守壽維是宣武淮南宣歙浙西四軍之
行于壽者汝皆將之曰道古汝其觀察鄂岳曰愬
汝帥唐鄧隨各以其兵進戰曰度汝長御史其往
視師曰度惟汝予同汝遂相予以賞罰用命不用

命曰弘汝其以節都統諸軍曰守謙汝出入左右汝惟近臣其往撫師曰度汝其往衣服飲食予士無寒無饑以既厥事遂生蔡人賜汝節斧通天御帶衛卒三百凡兹廷臣汝擇自從惟其賢能無憚大吏庚申予其臨門送汝曰御史予閔士大夫戰甚苦自今以往非郊廟祠祀其無用樂顏胤武合攻其北大戰十六得柵城縣二十三降人卒四萬道古攻其東南八戰降萬三千再入申破其外城文通戰其東十餘遇降萬二千愬入其西得賊將

輙釋不殺用其策戰比有功十二年八月丞相度至師都統弘責戰益急顔胤武合戰益用命元濟盡并其衆洄曲以備十月壬申愬用所得賊將自文城因天大雪疾馳百二十里用夜半到蔡破其門取元濟以獻盡得其屬人卒辛巳丞相度入蔡以皇帝命赦其人淮西平大饗賚功師還之日因以其食賜蔡人凡蔡卒三萬五千其不樂爲兵願歸爲農者十九悉縱之斬元濟京師冊功弘加侍中愬爲左僕射帥山南東道顔胤皆加司空公武

以散騎常侍帥鄜音孚坊丹延道古進大夫文通加
散騎常侍丞相度朝京師道封晉國公進階金紫
光祿大夫以舊官相而以其副總爲工部尚書領
蔡任既還奏羣臣請紀聖功被之金石皇帝以命
臣愈臣愈再拜稽首而獻文曰

唐承天命遂臣萬邦孰居近土襲盜以狂往
在玄宗崇極而圮河北悍驕河南附起四聖
不宥屢興師征有不能剋益戍以兵夫耕不
食婦織不裳輸之以車爲卒賜糧外多失朝

曠不嶽狩百隸怠官事忘其舊帝時繼位顧
瞻咨嗟惟汝文武孰恤予家既斬吳蜀旋取
山東魏將首義六州降從淮蔡不順自以爲
强提兵叫讙欲事故常始命討之遂連姦鄰
陰遣刺客來賊相臣方戰未利內驚京師羣
公上言莫若惠來帝爲不聞與神爲謀乃相
同德以訖天誅乃敕顏胤愬武古通咸統于
弘各奏汝功三方分攻五萬其師大軍北乘
厥數倍之常兵時曲軍士蠢蠢既蕩陵雲蔡

卒大窘勝之邵陵郾城來降自夏入秋復屯相望兵頓不勵告功不時帝哀征夫命相往犛士飽而歌馬騰於槽試之新城賊遇敗逃盡抽其有聚以防我西師躍入道無留者頷頷音頷蔡城其壃千里旣入而有莫不順俟帝有恩言相度來宣誅止其魁釋其下人蔡之卒夫投甲呼舞蔡之婦女迎門笑語蔡人告饑船粟往哺蔡人告寒賜以繒布始時蔡人禁不往來今相從戲里門夜開始時蔡人進

戰退戮今盱而起左飧右粥爲之擇人以收餘憊選吏賜牛教而不税蔡人有言始迷不知今乃大覺羞前之爲蔡人有言天子明聖不順族誅順保性命汝不吾信視此蔡方執爲不順往斧其吭凡叛有數聲勢相倚吾强不知汝弱奚恃其告而長而父而兄奔走偕來同我太平淮蔡爲亂天子伐之旣伐而饑天子活之始議伐蔡卿士莫隨旣伐四年小大並疑不赦不疑由天子明凡此蔡功惟斷

乃成既定淮蔡四夷畢來遂開明堂坐以治
之

韓愈論佛骨表

臣某言伏以佛者夷狄之一法耳自後漢時流入中國上古未嘗有也昔者黄帝在位百年年百一十歲少昊在位八十年年百歲顓頊在位七十九年年九十八歲帝嚳在位七十年年百五歲帝堯在位九十八年年百一十八歲帝舜及禹年皆百歲此時天下太平百姓安樂壽考然而中國未有佛也其後殷湯亦年百歲湯孫大戊在位七十五年武丁在位五十九年書史不言其年壽所極推

其年數蓋亦俱不減百歲周文王年九十七歲武王年九十三歲穆王在位百年此時佛法亦未入中國非因事佛而致然也漢明帝時始有佛法明帝在位纔十八年耳其後亂亡相繼運祚不長宋齊梁陳元魏已下事佛漸謹年代尤促惟梁武帝在位四十八年前後三度捨身施佛宗廟之祭不用牲牢晝日一食止于菜果其後竟爲侯景所逼餓死臺城國亦尋滅事佛求福乃更得禍由此觀之佛不足事亦可知矣高祖始受隋禪則議除之

當時羣臣材識不遠不能深知先王之道古今之宜推闡聖明以救斯弊其事遂止臣常恨焉伏惟睿聖文武皇帝陛下神聖英武數千百年已來未有倫比即位之初即不許度人爲僧尼道士又不許創立寺觀臣常以爲高祖之志必行於陛下之手今縱未能即行豈可恣之轉令盛也今聞陛下令羣僧迎佛骨於鳳翔御樓以觀舁入大内又令諸寺遞迎供養臣雖至愚必知陛下不惑於佛作此崇奉以祈福祥也直以年豐人樂徇人之心爲

京都士庶設詭異之觀戲翫之具耳安有聖明若此而肯信此等事哉然百姓愚冥易惑難曉苟見陛下如此將謂真心事佛皆云天子大聖猶一心敬信百姓何人豈合更惜身命焚頂燒指百十爲羣觧衣散錢自朝至暮轉相倣效惟恐後時老少奔波棄其業次若不即加禁遏更歷諸寺必有斷臂臠身以爲供養者傷風敗俗傳笑四方非細事也夫佛本夷狄之人與中國言語不通衣服殊製口不言先王之法言身不服先王之法服不知君

臣之義父子之情假如其身至今尚在奉其國命來朝京師陛下容而接之不過宣政一見禮賓一設賜衣一襲衛而出之於境不令惑衆也況其身死已久枯朽之骨凶穢之餘豈宜令入宫禁孔子曰敬鬼神而遠之古之諸侯行弔於其國尚令巫祝先以桃茢祓除不祥然後進弔今無故取朽穢之物親臨觀之巫祝不先桃茢不用羣臣不言其非御史不舉其失臣實恥之乞以此骨付之有司投諸水火永絶根本斷天下之疑絶後代之惑使

天下之人知大聖人之所作爲出於尋常萬萬也豈不盛哉豈不快哉佛如有靈能作禍祟凡有殃咎宜加臣身上天鑒臨臣不怨悔無任感激懇悃之至謹奉表以聞臣某誠惶誠恐

柳宗元駁復讐議

臣伏見天后時有同州下邽（音圭）人徐元慶者父爽爲縣尉趙師韞所殺卒能手刃父讐束身歸罪當時諫臣陳子昂建議誅之而旌其閭且請編之於令永爲國典臣竊獨過之臣聞禮之大本以防亂也若曰無爲賊虐凡爲子者殺無赦刑之大本亦以防亂也若曰無爲賊虐凡爲治者殺無赦其本則合其用則異旌與誅莫得而並焉誅其可旌茲謂濫黷刑甚矣旌其可誅茲謂僭壞禮甚矣果以

是示于天下傳于後代趨義者不知所向違害者不知所立以是爲典可乎蓋聖人之制窮理以定賞罰本情以正褒貶統于一而已矣嚮使刺讞其誠僞考正其曲直原始而求其端則刑禮之用判然離矣何者若元慶之父不陷於公罪師韞之誅獨以其私怨奮其吏氣虐于非辜州牧不知罪刑官不知問上下蒙昌籲號不聞而元慶能以戴天爲大恥枕戈爲得禮處心積慮以衝讐人之胸介然自克卽死無憾是守禮而行義也執事者宜有

慚色將謝之不暇而又何誅焉其或元慶之父不免於罪師韞之誅不愆於法是非死于吏也是死於法也法其可讐乎讐天子之法而戕奉法之吏是悖驁而凌上也執而誅之所以正邦典而又何旌焉且其議曰人必有子子必有親親親相讐其亂誰救是惑於禮也甚矣禮之所謂讐者蓋其寃抑沉痛而號無告也非謂抵罪觸法陷于大戮而曰彼殺之我乃殺之不議曲直暴寡脅弱而已其非經背聖不亦甚哉周禮調人掌司萬人之讐凡

殺人而義者令勿讐讐之則死有反殺者邦國交讐之又安得親親相讐也春秋公羊傳曰父不受誅子復讐可也父既受誅子復讐此推刃之道復讐不除害今若取此以斷兩下相殺則合於禮矣且夫不忘讐孝也不愛死義也元慶能不越於禮服孝死義是必達理而聞道者也夫達理聞道之人豈其以王法爲敵讐者哉議者反以爲戮黷刑壞禮其不可以爲典明矣請下臣議附于令有斷斯獄者不宜以前議從事謹議

柳子厚守原議

晉文公既受原於王難其守問寺人㪅鞮畀趙衰余謂守原政之大者也所以承天子樹霸功致命諸侯不宜謀及媟近以忝王命而晉君擇大任不公議於朝而私議於宮不博謀於卿相而獨謀於寺人雖或衰之賢足以守國之政不爲敗而賊賢失政之端由是滋矣況當其時不乏謀議之臣乎狐偃爲謀臣先軫將中軍晉君疏而不咨外而不求乃卒定於內豎其可以爲法乎且晉君將襲齊

桓之業以翼天子乃大志也然而齊桓任管仲以
興進豎刁以敗則獲原啓疆適其始政所以觀視
諸侯也而乃背其所以興跡其所以敗然而能覇
諸侯者以土則大以力則疆以義則天子之册也
誠畏之矣烏能得其心服哉其後景監得以相衛
鞅弘石得以殺望之誤之者晉文公也嗚呼得賢
臣以守大邑則問非失問舉非失舉也然猶羞當
時陷後代如此況問與舉又兩失之者其何以救
之哉余故著晉君之罪以附春秋許世子止晉趙

盾之義

柳宗元送薛存義序

河東薛存義將行柳子載肉於俎崇酒於觴追而送之江之滸飲食之且告曰凡吏於土者知其職乎蓋民之役非以役民而已也凡民之食於土者出其十之一傭乎吏使司平於我也今受其直怠其事者天下皆然豈惟怠之又從而盜之向使傭一夫於家受若直怠若事又盜若貨器則必甚怒而黜罰之矣以今天下多類此而民莫敢肆其怒與黜罰何哉勢不同也勢不同而理同如吾民何

有達於理者得不恐而畏乎存義假令零陵二年矣蚤作而夜思勤力而勞心訟者平賦者均老弱無懷詐暴憎其爲不虛取直也的矣其知恐而畏也審矣吾賤且辱不得與考績幽明之說於其往也故賞以酒肉而重以辭

柳宗元種樹郭槖駝傳

郭槖駝不知始何名病僂隆然伏行有類槖駝者故鄉人號曰駝駝聞之曰甚善名我固當因捨其名亦自謂槖駝云其鄉曰豐樂鄉在長安西駝業種樹凡長安豪家富人爲觀遊及賣果者皆爭迎取養視駝所種樹或遷徙無不活且碩茂蚤實以蕃他植者雖窺伺傚慕莫能如也有問之對曰槖駝非能使木壽且孳也以能順木之天以致其性焉爾凡植木之性其本欲舒其培欲平其土欲故

其築欲密既然已勿動勿慮去不復顧其蒔也若子其置也若棄則其天者全而其性得矣故吾不害其長而已非有能碩而茂之也不抑耗其實而已非有能蚤而蕃之也他植者則不然根拳而土易其培之也若不過焉則不及焉苟有能反是者則又愛之太恩憂之太勤旦視而暮撫已去而復顧甚者爪其膚以驗其生枯搖其本以觀其疏密而木之性日以離矣雖曰愛之其實害之雖曰憂之其實讐之故不我若也吾又何能爲哉問者曰

以子之道移之官理可乎駝曰我知種樹而已理非吾業也然吾居鄉見長人者好煩其令若甚憐焉而卒以禍旦暮吏來而呼曰官命促爾耕勗爾植督爾穫蚤繅而緒蚤織而縷字而幼孩遂而雞豚鳴鼓而聚之擊木而召之吾小人具飧饔以勞吏者且不得暇又何以蕃吾生安吾性耶故病且怠若是則與吾業者其亦有類乎問者嘻曰不亦善夫吾問養樹得養人術傳其事以爲官戒也

柳宗元梓人傳

裴封叔之第在光德里有梓人款其門願傭隙宇而處焉所職尋引規矩繩墨家不居礱斲之器問其能曰吾善度材視棟宇之制高深圓方短長之宜吾指使而羣工役焉捨我衆莫能就一宇故食於官府吾受祿三倍作於私家吾收其直太半焉他日入其室其牀闕足而不能理曰將求他工余甚笑之謂其無能而貪祿嗜貨者其後京兆尹將飾官署余往過焉委羣材會衆工或執斧斤或執

刀鋸皆環立嚮之梓人左持引右執杖而中處焉量棟宇之任視木之能舉揮其杖曰斧彼執斧者奔而右顧而指曰鋸彼執鋸者趍而左俄而斤者斵刀者削皆視其色俟其言莫敢自斷者其不勝任者怒而退之亦莫敢慍焉畫宮於堵盈尺而曲盡其制計其毫釐而構大廈無進退焉既成書於上棟曰某年某月某日某建則其姓與字也凡執用之功不在列余圜視大駭然後知其術之工大矣繼而歎曰彼將捨其手藝專其心智而能知體

要者歟吾聞勞心者役人勞力者役於人彼其勞心者歟能者用而智者謀彼其智者歟是足爲佐天子相天下法矣物莫近乎此也彼爲天下者本於人其執役者爲徒隸爲鄉師里胥其上爲下士又其上爲中士爲上士又其上爲大夫爲卿爲公離而爲六職判而爲百役外薄四海自方伯連率郡有守邑有宰皆有佐政其下有胥吏又其下皆有嗇夫版尹以就役焉猶衆工之各有執伎以食力也彼佐天子相天下者舉而加焉指而使焉條

其綱紀而盈縮焉齊其法制而整頓焉猶梓人之有規矩繩墨以定制也擇天下之士使稱其職居天下之人使安其業視都知野視野知國視國知天下其遠邇細大可手據其圖而究焉猶梓人畫宮於堵而績於成也能者進而由之使無所德不能者退而休之亦莫敢慍不衒能不矜名不親小勞不侵衆官日與天下之英才討論其大經猶梓人之善運衆工而不伐藝也夫然後相道得而萬國理矣相道既得萬國既理天下舉手而望曰吾

相之功也後之人循跡而慕曰彼相之才也士或談殷周之理者曰伊傅周召其百執事之勤勞而不得紀焉猶梓人自名其功而執用者不列也大哉相乎通是道者所謂相而已矣其不知體要者反此以勤恪爲公以簿書爲尊衒能矜名親小勞侵衆官竊取六職百役之事听听音引於府庭而遺其大者遠者焉所謂不通是道者也猶梓人而不知繩墨之曲直規矩之方圓尋引之短長姑奪衆工之斧斤刀鋸以佐其藝又不能備其工以至敗

績用而無所成也不亦謬歟或曰彼主爲室者儻或發其私智牽制梓人之慮奪其世守而道謀是用雖不能成功豈其罪耶亦在任之而已余曰不然夫繩墨誠陳規矩誠設高者不可抑而下也狹者不可張而廣也由我則固不由我則圮彼將樂去固而就圮也則卷其術默其智悠爾而去不屈吾道是誠良梓人耳其或嗜其貨利忍而不能捨也喪其制量屈而不能守也棟撓屋壞則曰非我罪也可乎哉可乎哉余謂梓人之道類於相故書

而藏之梓人蓋古人審曲面勢者今謂之都料匠
云余所遇者楊氏潛其名

柳宗元封建論

天地果無初乎吾不得而知之也生人果有初乎吾不得而知之也然則孰爲近曰有初爲近孰明之由封建而明之也彼封建者更古聖王堯舜禹湯文武而莫能去之蓋非不欲去之也勢不可也勢之來其生人之初乎不初無以有封建封建非聖人意也彼其初與萬物皆生草木榛榛鹿豕狉狉人不能搏噬而且無毛羽莫克自奉自衞荀卿有言必將假物以爲用者也夫假物者必爭爭而

不已必就其能斷曲直者而聽命焉其智而明者所伏必衆告之以直而不改必痛之而後畏由是君長刑政生焉故近者聚而爲羣羣之分其爭必大大而後有兵有德又大者衆羣之長又就而聽命焉以安其屬於是有諸侯之列則其爭又有大者焉德又大者諸侯之列又就而聽命焉以安其封於是有方伯連率之類則其爭又有大者焉德又大者方伯連率之類又就而聽命焉以安其人然後天下會於一是故有里胥而後有縣大夫有

縣大夫而後有諸侯有諸侯而後有方伯連率有方伯連率而後有天子自天子至於里胥其德在人者死必求其嗣而奉之故封建非聖人意也勢也夫堯舜禹湯之事遠矣及有周而甚詳周有天下裂土田而瓜分之設五等列羣后基布星羅四周於天下輪運而輻集合爲朝覲會同離爲守臣扞城然而降於夷王害禮傷尊下堂而迎覲者歷於宣王挾中興復古之德雄南征北伐之威卒不能定魯侯之嗣陵夷迄於幽平王室東徙而自列

爲諸侯矣厥後問鼎之輕重者有之射王中肩者有之伐九伯誅萇弘者有之天下乖盭無君君之心余以周之喪久矣徒建空名於公侯之上耳得非諸侯之盛强末大不掉之咎歟遂判爲十二合爲七國威分於陪臣之邦國殄於後封之秦則周之敗端其在乎此矣秦有天下裂都會而爲之郡邑廢侯衞而爲之守宰據天下之雄圖都六合之上游攝制四海運於掌握之内此其所以爲得也不數世而天下大壞其亡[illegible]矣亟役萬人暴其威

刑竭其貨賄負鋤梃謫戍之徒圜視而合從大呼而成羣時則有叛人而無叛吏人怨於下而吏畏於上天下相合殺守劫令而並起咎在人怨非郡邑之制失也漢有天下矯秦之枉徇周之制剖海内而立宗子封功臣數年之間奔命扶傷而不暇困平城病流矢凌遲不救者三代後乃謀臣獻畫而離削自守矣然而封建之始郡邑居半時則有叛國而無叛郡秦制之得亦已明矣繼漢而帝者雖百代可知也唐興制州邑立守宰此其所以爲

宜也然猶桀猾時起虐害方域者失不在於州而在於兵時則有叛將而無叛州州縣之設固不可革也或曰封建者必私其土子其人適其俗脩其理施化易也守宰者苟其心思遷其秩而已何能理乎余又非之周之事跡斷可見矣列侯驕盈黷貨事戎大凡亂國多理國寡侯伯不得變其政天子不得變其君私土子人者百不有一失在於制不在於政周事然也秦之事迹亦斷可見矣有理人之制而不委郡邑是矣有理人之臣而不使守

宰是矣郡邑不得正其制守宰不得行其理酷刑
苦役而萬人側目失在於政不在於制秦事然也
漢興天子之政行於郡不行於國制其守宰不制
其侯王侯王雖亂不可變也國人雖病不可除也
及夫大逆不道然後掩捕而遷之勒兵而夷之耳
大逆未彰奸利浚財怙勢作威大刻於民者無如
之何及夫郡邑可謂理且安矣何以言之且漢知
孟舒於田叔得魏尚於馮唐聞黄霸之明審覩汲
黯之簡靖拜之可也復其位可也臥而委之以輯

一方可也有罪得以黜有能得以奬朝拜而不道夕斥之矣夕受而不法朝斥之矣假使漢室盡城邑而侯王之縱令其亂人戚之而已孟舒魏尚之術莫得而施黄霸汲黯之化莫得而行明譴而導之拜受而退已違矣下令而削之締交約從之謀周於同列則相顧裂眦勃然而起幸而不起則削其半削其半民猶瘁矣曷若舉而移之以全其人乎漢事然也今國家盡制郡邑連制守宰其不可變也固矣善制兵謹擇守則理平矣或者又曰夏

商周漢封建而延秦郡邑而促尤非所謂知理者也魏之承漢也封爵猶建晉之承魏也因循不革而二姓凌替不聞延祚今矯而變之垂二百祀太業彌固何繫於諸侯哉或者又以爲商周聖王也而不革其制固不當復議也是大不然夫商周之不革者是不得已也蓋以諸侯歸商者三千焉資以黜夏湯不得而廢歸周者八百焉資以勝商武王不得而易狥之以爲安仍之以爲俗湯武之所不得已也夫不得已非公之大者也私其力於已

也私其衛於子孫也秦之所以革之者其爲制公之大者也其情私也私其一己之威也私其盡臣畜於我也然而公天下之端自秦始夫天下之道理安斯得人者也然賢者居上不肖者居下而後可以理安今夫封建者繼世而理繼世而理者上果賢乎下果不肖乎則生人之理亂未可知也將欲利其社稷以一其人之視聽則又有世大夫世食祿邑以盡其封略聖賢生於其時亦無以立於天下封建者爲之也豈聖人之制使至於是乎吾

固曰非聖人之意也勢也

牛僧孺守在四夷論

傳曰古者天子守在四夷蓋言能令四夷不侵自守境洎周漢迄隋多不知守身但欲四夷自守殊不知四夷自守國內皆成四夷也因著論以明之何者夫守之大旨以防攻也善防其攻者莫若防其敗善防其敗者莫若防其亡夫四夷不守境不過於畧地侵城是有敗無亡也若王者之貴如天如地苟落一星伐一樹不足損天地之光耀蓋帝王之權能殺人能生人能達人能窮人能貧人

能富人一國之人思之必伺君好而賛之雖似親之其實攻之王者守大道淪非道是則不見敗而有亡也況四夷之攻至難者有四國人之攻至易者亦有四四夷之攻以白刃國人之攻以巧言四夷之攻以鼓鼙國人之攻以秘隱四夷之攻以兵相害國人之攻以矯相親四夷之攻以兵相侵國人之攻以矯相盍故觀白刃則懼而思守也聆巧言則悅而思受也聽鼓鼙則警而思備也遇秘隱則懵而思述也逢相害則恚而思讐也見相親則

死而思近也值相侵則忿而思報也得相益則喜
而思隣也攻邊則人人思守也攻身則人人思受
也抑人情之常非所鑚鑿而異也且王者之守有
六失守之不固則非道攻之守之不貞則色攻之
守之不約則聲攻之守之不廉則聚斂攻之守之
不儉則奢侈攻之守之不正則邪佞攻之守之不
仁則征伐攻之夏桀捨淑德而嬖妹喜是色攻而亡
也商捨德音而耽愔愔是聲攻而亡也周厲捨廉
節而悅榮夷公是聚斂攻而亡也秦皇捨節儉而

起阿房是奢侈攻而亡也漢靈捨正直而用刑臣是倿倖攻而亡也隋煬捨慈仁而事遼東是征伐攻而亡也自三王百代無四夷之攻而亡者皆以守身不謹爲嗜慾所攻故也雖得四夷自守復何益哉或云幽王自以爲犬戎所滅僧孺以爲幽王自以守道不固頻舉爲烽燉天下空於杼軸加以褒姒色攻諸侯不信而敗非獨由於四夷也至於晉十六國稽其本則禍生於惠帝也賈后以色攻賈謐以倿攻致令八王並興生人減半然後戎

夷乘間敢有窺覦可謂四夷先起於內不由四夷不守於外也故有德者先守其身而後四夷無德者不先守身但令四夷自守曾不防戎狄在其國中故攻秦之胡者二世也豈必東夷南蠻西戎北狄哉沈尹戌雖舉守四夷之言而不書守身之道是載華而畧實非垂範之旨也匡文字以附簡編之闕

陸贄請罷內庫狀

右臣聞作法於涼其弊猶貪作法於貪弊將安救示人以義其患猶私示人以私患必難弭故聖人之立教也賤貨而尊讓遠利而尚廉天子不問有無諸侯不言多少百乘之室不蓄聚斂之臣夫豈皆能忘其欲賄之心哉誠懼賄之生人心而開禍端傷風教而亂邦家耳是以務鳩斂而厚其帑櫝之積者匹夫之富也務散發而收其兆庶之心者天子之富也天子所作與天同方生之長之而不

恃其爲成之收之而不私其有付物以道混然忘
情取之不爲貪散之不爲費以言乎體則博大以
言乎術則精微亦何必撓廢公方崇聚私貨降至
尊而代有司之守辱萬乘以效匹夫之藏虧法失
人誘姦聚怨以斯制事豈不過哉今之瓊林大盈
自古悉無其制傳諸耆舊之說皆云創自開元貴
臣貪權飾巧求媚乃言郡邑貢賦所用盍各區分
税賦當委之有司以給經用貢獻宜歸乎天子以
奉私求玄宗悅之新建二庫蕩心侈欲萌柢於玆

迨乎失邦終以餌寇記曰貨悖而入亦悖而出豈其明效歟陛下嗣位之初務遵理道敦行約儉斥遠貪饕雖內庫舊藏未歸大府而諸方曲獻不入禁闈清風肅然海內丕變議者咸謂漢文郤馬晉武焚裘之事復見於當今近以寇逆亂常鑾輿外幸既屬憂危之運宜增儆勵之誠臣昨奉使軍營出由行殿忽覩古廊之下牓列二庫之名懼然若驚不識所以何則天衢尚梗師旅方殷瘡痛呻吟之聲噢咻未息忠勤戰守之效賞賚未行而諸道

貢珍遽私別庫萬目所視孰能忍懷竊揣軍情或生觖望試詢候館之吏兼採道路之言果如所慮積憾巳甚或忿形謗讟或醜肆謳謠頗含思亂之情亦有悔忠之意是知甿俗昏鄙識昧高卑不可以尊極臨而可以誠意感頃者六師初降百物無儲外扞兇徒內防危堞晝夜不息迨將五旬凍餒交侵死傷相枕畢命同力竟夷大艱良以陛下不厚其身不私其欲絕甘以同卒伍輟食以啗功勞無猛制而人不攜懷所感也無厚賞而人不怨悉

所無也今者攻圍已解衣食已豐而謠讟方興軍情稍阻豈不以勇夫恒性嗜貨矜功其患難既與之同憂而好樂不與之同利茍異恬然能無怨咨此理之常固不足恠記曰財散則人聚財聚則人散豈其殷鑒歟衆怒難任蓄怨終泄其患豈徒人散而已亦將慮有締姦鼓亂干紀而强取者焉夫國家作事以公共爲心者人必樂而從之以私奉爲心者人必咈而叛之故燕昭築金臺天下稱其賢殷紂作玉杯百代傳其惡蓋爲人與爲巳殊也

周文之囿百里時患其尚小齊桓之囿四十里時病其太多蓋同利與專利異也爲人上者當辯察茲理洒濯其心奉三無私以一有衆人或不率於是用刑然則宣其利而禁其私天子所恃以理天下之具也捨此不務而壅利行私欲人無貪不可得已今茲二庫珍幣所歸不領度支是行私也不給經費非宣利也物情離怨不亦宜乎智者因危而建安明者矯失而成德以陛下天姿英聖儻加之見善必遷是將化蓄怨爲銜恩反過差爲至當

促殄遺孽永垂鴻名易如轉規指顧可致然事有未可知者但在陛下行與否耳能則安否則危能則成德否則失道此乃必定之理也願陛下慎之惜之陛下誠能近想重圍之殷憂追戒平居之專欲器用取給不在過豐衣食所安必以分下凡在二庫貨賄盡令出賜有功坦然布懷與衆同欲是後納貢必歸有司每獲珍華先給軍賞瓌異纖麗一無上供推赤心於其腹中降殊恩於其望外將卒慕陛下必信之賞人思建功兆庶悅陛下改過

之誠孰不歸德如此則亂必靖賊必平徐駕六龍旋復都邑興行墜典整緝禁綱乘輿有舊儀郡國有恒賦天子之貴豈當憂貧是乃散其小儲而成其大儲也損其小寶而固其大寶也舉一事而衆美具行之又何疑焉惓少失多廉賈不處溺近迷遠中人所非況乎大聖應機固當不俟終日不勝管窺願效之之至

盧藏用紀信碑

有漢忠烈姓紀名信官族代載史失其書昔秦始皇棄六代之業窮天下之力以縱其心施及二代荐作昏德人怨神怒百姓與能此皇天之所以興漢祖也夫龍躍虎變不有非常之災則不能蔚其文而神其行故英雄豪傑雷動震擊並起而亡秦當是時海水飛而無紀王綱頽而不紐強者制命弱國連衡項羽提八千兵跋行稱百萬驟名城坑勁卒殺義帝屠咸陽七十餘戰而天下定矣於是

背關懷楚專制主約雖負河山籍舊業南面稱孤者滕行請命舉國受屠者莫敢抵捂焉而高祖奮于漢中定三秦之地扶義仗信東向而爭天下天下之命懸於二雄山東紛紛蜂合蟻聚未省所係羽嘗以百萬之衆圍高祖于滎陽紀公推天曆之在劉願忠節以自效躬載黃屋出東門而吒之沮百萬之氣頓強楚之威奮諸侯之魄迴霸王之機身焚孤城之下功濟廟堂之上高祖因之以成帝業雖弘演納肝而無悔于犨請矢而不疑公孫抱

子而爲詐孟陽寢牀以自欺其忠則烈於大業不可希也先軫免冑以立誠鉏麑觸槐以取衷富辰懟諫而赴翟仲由結纓而爲壯其節則全於大機則無以尚也荀息守言而死事豫讓感遇以自殘石乞烹身以殉白漸離矐目以報冊其義則立於大濟則闕焉故功貴成業貴廣苟有大賴則輕太山於鴻毛壯哉紀公誠得其死矣夫城郢而絕君名寢齋以祈於死其於惡也不亦大乎於戲仲尼所謂見危授命殺身成仁臨難無苟免者則紀公

其人也而歷載数百莫能表之縣令會稽孔君祖舜資大賢之緒秉忠孝之規清身以激俗矯枉以從政到官視事三載有成於是鄉之碩老攝齊而請府君以盛德茂才弘宣大化旌孝尚節敦學務穡人無戀耜野無靑草可爲政之美也而紀公之墓淪而不顯豈所以皷舞前志發揮臣子之道哉府君乃咨謀寮吏稽古訓典以謂亡生從道者仁也沈斷固分者義也威儀不忒者禮也好謀而成者智也有死無二者信也大節不撓者勇也决機

興運者明也夫藏一行於人則銘之金畀輝爍風
雅況紀公兼而有焉斯實忠臣義士之殊尤者也
而文獻之所先也故表商容式于木君子韙之乃
惟春秋旌善之義庶幾爲臣之節奮乎百代之上
凛然可以比肩於斯人俾能揚耿光厚忠義崇尚
教化以昭烈我明天子之風豈不褒德而顯功哉

杜牧之阿房宮賦

六王畢四海一蜀山兀阿房出覆壓三百餘里隔離天日驪山北構而西折直走咸陽二川溶溶流入宮墻五步一樓十步一閣廊腰縵迴簷牙高啄各抱地勢鈎心鬪角盤盤焉囷囷（音窘）焉蜂房水渦（音戈）矗（音直促）不知其幾千萬落長橋臥波未雲何龍複道行空不霽何虹高低冥迷不知西東歌臺暖響春光融融舞殿冷袖風雨淒淒一日之內一宮之間而氣候不齊妃嬪媵嬙王子皇孫辭樓下殿輦

來於秦朝歌夜絃爲秦宮人明星熒熒開粧鏡也綠雲擾擾梳曉鬟也渭流漲膩棄脂水也煙斜霧橫焚椒蘭也雷霆乍驚宮車過也轆轆遠聽杳不知其所之也一肌一容盡態極妍縵立遠視而望幸焉有不得見者三十六年燕趙之收藏韓魏之經營齊楚之精英幾世幾年取掠其人倚疊如山一旦有不能輸來其間鼎鐺玉石金塊珠礫棄擲邐音里迤音移秦人視之亦不甚惜嗟乎一人之心千萬人之心也秦愛紛奢人亦念其家奈何取之盡

錙銖用之如泥沙使負棟之柱多於南畝之農夫架梁之椽多於機上之工女釘頭磷磷多於在庾之粟粒瓦縫參差多於周身之帛縷直欄橫檻多於九土之城郭管絃嘔啞多於市人之言語使天下之人不敢言而敢怒獨夫之心日益驕固戍卒叫函谷舉楚人一炬可憐焦土嗚呼滅六國者六國也非秦也族秦者秦也非天下也嗟夫使六國各愛其人則足以拒秦秦復愛六國之人則遞三世可至萬世而爲君誰得而族滅也秦人不暇自

哀而後人哀之後人哀之而不鑑之亦使後人而復哀後人也

匯古菁華卷十七終

匯古菁華

十五

涯古菁華卷十八

宋文上

王禹偁待漏院記

天道不言而品物亨歲功成者何謂也四時之吏五行之佐宣其氣矣聖人不言而百姓親萬邦寧者何謂也三公論道六卿分職張其教矣是知君逸於上臣勞於下法乎天也古之善相天下者自咎夔至房魏可數也是不獨有其德亦皆務于勤耳況夙興夜寐以事一人卿大夫猶然況宰相乎

朝廷自國初因舊制設宰臣待漏院于丹鳳門之右示勤政也至若北闕向曙東方未明相君啓行煌煌火城相君至止噦噦鑾聲金門未闢玉漏猶滴撤蓋下車于焉以息待漏之際相君其有思乎其或兆民未安思所泰之四夷未附思所來之兵革未息何以彌之田疇多蕪何以闢之賢人在野我將進之佞臣立朝我將斥之六氣不和災眚薦至願避位以禳之五刑未措欺詐日生請脩德以釐之憂心忡忡待旦而入九門既啓四聰甚邇相

君言焉時君納焉皇風于是乎清夷蒼生以之而富庶若然則總百官食萬錢非幸也宜也其或私讐未復思所逐之舊恩未報思所榮之子女玉帛何以致之車馬器玩何以取之姦人附勢我將陟之直士抗言我將黜之三時告災上有憂色構巧詞以悅之群吏弄法君聞怨言進諂容以媚之私心慆慆假寐而坐九門既開重瞳屢回相君言焉時君感焉政柄于是乎隳哉帝位以之而危矣若然則死下獄投遠方非不幸也亦宜也是知一國

之政萬人之命懸于宰相可不慎歟復有無毀無譽旅進旅退竊位而苟祿備員而全身者亦無所取焉棘寺小吏王禹偁爲文請誌院壁用規于執政者

王禹偁黃州竹樓記

黃岡之地多竹大者如椽竹工破之刳去其節用代陶瓦比屋皆然以其價廉而工省也子城西北隅雉堞圮毀蓁莽荒穢因作小樓二間與月波樓通遠吞山光平挹江瀨幽闃遼敻不可具狀夏宜急雨有瀑布聲冬宜密雪有碎玉聲宜鼓琴琴調和暢宜詠詩詩詠清絶宜圍棋子聲丁丁然宜投壺矢聲錚錚然皆竹樓之所助也公退之暇被鶴氅衣戴華陽巾手執周易一卷焚香默坐消遣世

廬江山之外第見風帆沙鳥烟雲竹樹而已待其酒力醒茶烟歇送夕陽迎素月亦謫居之勝槩也彼齊雲落星高則高矣井幹麗譙華則華矣止于貯妓女藏歌舞非騷人之事吾所不取吾聞竹工云竹之爲瓦僅十稔若重覆之得二十稔噫吾以至道乙未歲自翰林出滁上丙申移廣陵丁酉又入西掖戊戌歲除日有齊安之命己亥閏三月到郡四年之間奔走不暇未知明年又在何處豈懼竹樓之易朽乎後之人與我同志嗣而葺之庶斯

樓之不朽也、

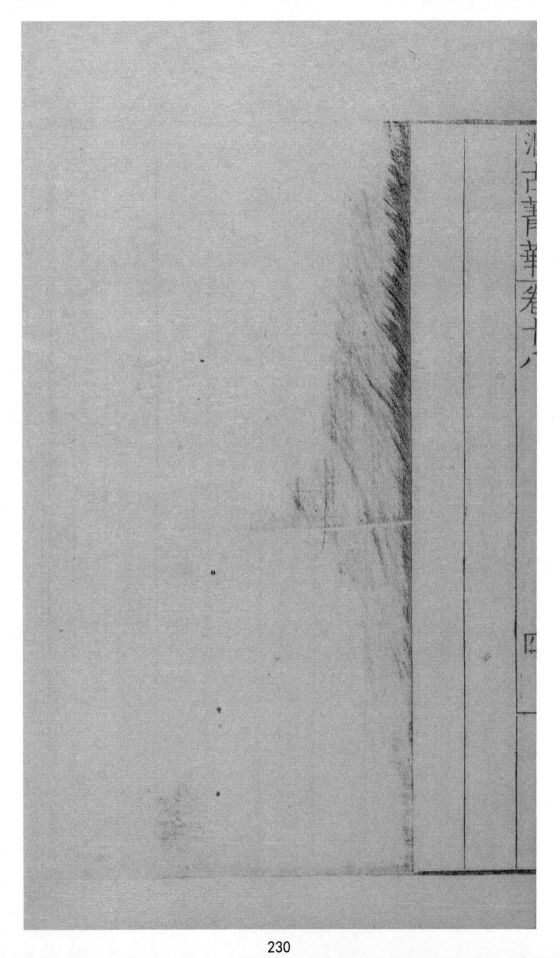

王曾諫作玉淸昭應宮

臣伏聞朝廷設諫爭之官防政治之闕非其官而言者蓋表其忠況當不諱之朝復忝非常之遇苟進思之無補懼竊祿以貽譏臣伏覩國家誕受殊祥薦膺秘籙祚洪圖於萬葉超盛烈於百王陛下寅畏寶符陟封名岳功垂不朽澤浸無垠奉若之心斯爲至矣而淸衷濬發成命亟行自經始已來庀徒斯廣輦他山之石相屬於道塗伐豫章之材遠周於林麓累土陶甓揮鍤運斤功極彌年費將

鉅萬掩祈年之舊制踰槩日之前聞轂貴近以董臨假使權而領護如此則國家尊奉靈文之意不爲不厚矣崇飾臺觀之規不爲不壯矣然則臣之愚懇或異於斯旣有見聞安敢緘默臣以爲今之興作有不便之事五焉雖鳩僝已行未可悉罷苟或萬一采芻蕘之說省其功用抑其制度亦及民之大惠而憂國之遠圖也所謂五者之目請爲陛下陳之且今來所創立宮規制宏大凡用材木莫匪楩楠竊聞天下出產之處收市至多般運赴宮

尤傷人力雖云役軍匠寧免煩擾乎民況復軍人亦是黎庶此未便之事一也邇者方畢封崇頗煩經費今茲興造尤費資財雖府庫之中貨寶山積畚築之下工徒子來然而內帑則積代之蓄藏百物盡生民之膏血散之孔易斂之惟艱雖極豐盈尤宜重惜此未便之事二也夫聖人貴於謀始智者察於未形禍起隱微危生安逸今雙闕之下萬衆畢臻暑氣方際作勞斯甚所役諸雜兵士多是不逞小民其或鼠竄郊鄽狗偷都市有一於此足

貽聖憂此未便之事三也王者撫御寰區順承天地舉動必遵於時令裁成不失於物宜靡崇奢侈之風罔悖陰陽之序臣謹按孟夏無發大衆無起土功無伐大樹今肇基卜築衝冒欝蒸傲擾厚坤乖違前訓矧復旱暵卒痒雷電迅風拔木飄瓦溼沴之氣比屋罹灾得非以失承天地之明效歟此未便之事四也臣切聆中間符命之文有清浄育民之誡今所脩宮闈蓋本靈篇而乃過興剖撅之功廣務雕鎪之巧雖屢殫於物力恐未恊於天心

此未便之事五也伏望遵祖宗之大猷察聖賢之
深戒遷思回慮懲往念來詔將作之官息勤苦之
衆輯寧群品對越高穹如此則遐邇宅心人祇快
望必若光昭大瑞須建靈宮將畢相勞聿爰成績
則臣敢效愚計亦可必行但能損彼規摹减其用
度止敦樸素無取瑰奇惟將之以誠明仍重之以
嚴潔名數之際加等是宜實費之資節斂爲要俾
四海之内知陛下愛重民力之意豈不美歟昔太
宗皇帝建太一上清等宮亦不使窮極壯麗臣竊

惟陛下宜遵而行之取爲法制以示不敢踰即鳴謙大德光於千古矣柰何特欲過先帝之制作乎并覩西京造太宗之影殿東嶽置會真之宮計其工庸亦皆不啻中人十家之産然於尊祖禮神則盛矣其於邦國大計則猶未足爲當時之急務也臣料陛下必爲海内承平邊隅清宴人康俗阜時和年豐縱或築宫無損於事則臣復謂其不然也方今彊埸甫定虜廷有姑息之虞民俗苟完倉箱無紅腐之積况關輔之地流亡素多近甸之民農

桑失望雖令有司安慰亦恐未復田產秋冬之間
饑歉是懼亟經營於神館慮稍觸於輿情且往古
廢興之端前王得失之事布在方冊足為商鑒者
陛下覽之詳矣非假愚臣一二言焉試觀自昔人
君崇上土木孰若清淨無為者之安全乎願陛下
留神垂聽無忽臣言則天下幸甚今雖上下之人
皆知事理如此而人人自愛莫敢輕黷冕旒至於
左右大臣則慮計之不從致見疎之悔中外百執
則慮言之難達招妄動之尤使忠讜之謀未行良

爲此也惟臣出從幽介遭遇文明特受聖知度越流輩官爲侍從身服簪裳粗識安危之機未申補報之効捐軀思奮今也其時又安敢循默苟容不爲陛下別白而論之乎是以輒率妄庸輕冒宸嚴感發於中無所顧避陛下寛其咒鑊之罪矜其螻蟻之誠深鑒古先試垂採擇無謂創一靈宮爲一細事而弗恤也臣以爲興役動衆尤係事機不可不察也當使鄉校之中豪姦之黨無所開竊議之口則微臣之望也天下之幸也

歐陽脩本論

佛法爲中國患千餘歲世之卓然不惑而有力者莫不欲去之已嘗去矣而復大集攻之暫破而愈堅撲之未滅而愈熾遂至於無可柰何是果不可去耶蓋亦未知其方也夫醫者之於疾也必推其病之所自來而治其受病之處病之中人乘乎氣虛而入焉則善醫者不攻其疾而務養其氣氣實則病去此自然之效也故救天下之患者亦必推其患之所自來而治其受患之處佛爲夷狄去中

國最遠而有佛固已久矣堯舜三代之際王政脩明禮義之教充於天下於此之時雖有佛無由而入及三代衰王政缺禮義廢後二百餘年而佛至中國由是言之佛所以爲吾患者乘其缺廢之時而來此其受患之本也補其缺修其廢使王政明而禮義充則雖有佛無所施於吾民矣此亦自然之勢也昔堯舜三代之政設爲井田之法籍天下之人計其口而皆授之田凡人之力能勝耕者莫不有田而耕之斂以什一差以征賦以督其不勤

使天下之人力皆盡於南畝而不暇乎其他然又懼其勞且怠而入於邪僻也於是爲制牲牢酒醴以養其體絃匏俎豆以悅其耳目於其不耕休力之時而教之以禮故因其田獵而爲蒐狩之禮因其嫁娶而爲婚姻之禮因其死葬而爲喪祭之禮因其飲食羣聚而爲鄉射之禮非徒以防其亂又因而教之使知尊卑長幼凡人之大倫也故凡養生送死之道皆因其欲而爲之制飾之物釆而文焉所以悅之使其易趣也順其情性而節焉所以

防之使其不過也然猶懼其未也又爲立學以講明之故上至天子之郊下至鄉黨莫不有學擇民之聰明者而習焉使相告語而誘勸其愚惰嗚呼何其備也蓋堯舜三代之爲政如此其慮民之意甚精治民之具甚備防民之術甚周誘民之道甚篤行之以勤而被於物者洽浸之以漸而入於人者深故民之生也不用力乎南畝則從事於禮樂之際不在其家則在乎庠序之間耳聞目見無非仁義禮樂而趣之不知其倦終身不見異物又奚

暇夫外慕哉故曰雖有佛無由而入者謂有此具也及周之衰秦并天下盡去三代之法而王道中絶後之有天下者不能勉强而爲治之具不備防民之術不周佛於此時乘間而出千有餘歲之間佛之來者日益衆吾之所爲者日益壞井田最先廢而兼并游惰之奸起其後所謂蒐狩婚姻喪祭鄉射之禮凡所以教民之具相次而盡廢然後民之奸者有暇而爲他其良者泯然不見禮義之及已夫奸民有餘力則思爲邪僻良民不見禮義則

莫知所趨佛於此時而乘其隙方鼓其雄誕之說而牽之則民不得不從而歸之矣又況王公大人往往倡而驅之曰佛是眞可歸依者然則吾民何疑而不歸焉幸而有一不惑者方艴然怒曰佛何爲者吾將操戈而逐之又曰吾將有說以排之何其不思之甚也夫千歲之患徧於天下豈一人一日之可爲民之沉酣入於骨髓非口舌之可勝然則將柰何曰莫若脩其本以勝之昔戰國之時楊墨交亂孟子患之而專言仁義故仁義之說勝則

楊墨之學廢漢之時百家並興董生患之而退脩孔子之道孔子之道明而百家自息此所謂脩其本以勝之之效也今八尺之夫被甲荷戟勇盖三軍然而見佛則拜聞佛之說則有畏慕之誠者何也彼誠壯狡其中心茫然無所守而然也一介之士耿然柔懦進趣畏怯然而聞有道佛者則義形於色非徒不爲之屈又欲驅而絶之者何也彼無他焉學問明而禮義熟中心有所守以勝之也然則禮義者勝佛之本也今一介之士知禮義尚能

不爲之屈使天下皆知禮義則勝之矣此自然之勢也

歐陽脩朋黨論

臣聞朋黨之說自古有之惟幸人君辨其君子小人而已大凡君子與君子以同道爲朋小人與小人以同利爲朋此自然之理也然臣謂小人無朋惟君子則有之其故何哉小人所好者利祿也所貪者貨物也當其同利之時暫相黨引以爲朋者僞也及其見利則爭先或利盡則交疏甚者反相賊害雖其兄弟親戚不能相保故臣謂小人無朋其暫爲朋者僞也君子則不然所守者道義所行

者忠信所惜者名節以之脩身則同道而相益以
之事國則同心而共濟終始如一此君子之朋也
故爲人君者但當退小人之僞朋用君子之眞朋
則天下治矣堯之時小人共工驩兜等四人爲一
朋君子八元八凱十六人爲一朋舜佐堯退四凶
小人之朋而進元凱君子之朋堯之時天下大治
及舜自爲天子而皐夔稷契二十二人竝列于朝
更相稱美更相推讓凡二十二人爲一朋而舜皆
用之天下亦大治書曰紂有臣億萬惟億萬心周

有臣三千惟一心紂之時億萬人各異心可謂不爲朋矣然紂以此亡國周武王之臣三千人爲一大朋而周用以興後漢獻帝時盡取天下名士因禁之目爲黨人及黃巾賊起漢室大亂後方悔悟盡解黨人而釋之然已無救矣唐之晚年漸起朋黨之論及昭宗時盡殺朝之名士或投之黃河曰此輩清流可投濁流而唐遂亡矣夫前世之主能使人異心不爲朋莫如紂能禁絕善人之朋莫如漢獻帝能誅戮清流之朋莫如唐昭宗之世然皆

亂亡其國更相稱美推讓而不自疑莫如舜之二十二人舜亦不疑而皆用之然而後世不誚舜爲二十二人朋黨所欺而稱舜爲聰明之聖者以其能辨君子與小人也周武之世舉其國之臣三千人共爲一朋自古爲朋之多且大莫如周然周由此而興者人雖多而不厭也嗟乎治亂興亡之迹爲人君者可以鑒矣

歐陽脩醉翁亭記

環滁皆山也其西南諸峰林壑尤美望之蔚然而深秀者瑯琊也山行六七里漸聞水聲潺潺音讒而瀉出于兩峰之間者釀泉也峰回路轉有亭翼然臨于泉上者醉翁亭也作亭者誰山之僧智仙也名之者誰太守自謂也太守與客來飲于此飲少輒醉而年又最高故自號曰醉翁也醉翁之意不在酒在乎山水之間也山水之樂得之心而寓之酒也若夫日出而林霏開雲歸而巖穴暝晦明變

化者山間之朝暮也野芳發而幽香佳木秀而繁
陰風霜高潔水落而石出者山間之四時也朝而
往暮而歸四時之景不同而樂亦無窮也至于負
者歌于塗行者休于樹前者呼後者應傴僂提攜
往來而不絕者滁人遊也臨溪而漁溪深而魚肥
釀泉爲酒泉香而酒冽山肴野蔌音速雜然而前陳
者太守宴也宴酣之樂非絲非竹射者中奕者勝
觥音公籌交錯坐起而諠譁者衆賓歡也蒼顏白髮
頹乎其中者太守醉也已而夕陽在山人影散亂

太守歸而賓客從也樹林陰翳鳴聲上下遊人去而禽鳥樂也然而禽鳥知山林之樂而不知人之樂人知從太守遊而樂而不知太守之樂其樂也醉能同其樂醒能述以文者太守也太守謂誰廬陵歐陽脩也

歐陽脩縱囚論

信義行於君子而刑戮加於小人刑入于死者乃罪大惡極此又小人之尤甚者也寧以義死不茍幸生而視死如歸此又君子之尤難者也方唐太宗之六年錄大辟囚三百餘人縱使還家約其自歸以就死是以君子之難能責其小人之尤者以必能也其囚及期而卒自歸無後者是君子之所難而小人之所易也此豈近於人情哉或曰罪大惡極誠小人矣及施恩德以臨之可使變而爲君

子盖恩德入人之深而移人之速有如是者矣曰太宗之爲此所以求此名也然安知夫縱之去也不意其必來以冀免所以縱之乎又安知夫被縱而去也不意其自歸而必獲免所以復來乎夫意其必來而縱之是上賊下之情也意其必免而復來是下賊上之心也吾見上下交相賊以成此名也烏有所謂施恩德與夫知信義者哉不然太宗施德於天下於兹六年矣不能使小人不爲惡極大罪而一日之恩能使視死如歸而存信義此又

不通之論也然則何爲而可曰縱而來歸殺之無
赦而又縱之而又來則可知爲恩德之致爾然此
必無之事也若夫縱而來歸而赦之可偶一爲之
爾若屢爲之則殺人者皆不死是可爲天下常法
乎不可爲常者其聖人之法乎是以堯舜三王之
治必本於人情不立異以爲高不逆情以干譽

歐陽脩上范司諫書

月日具官謹齋沐拜書司諫學士執事前月中得進奏吏報云自陳州召至闕拜司諫即欲爲一書以賀多事匆卒未能也司諫七品官爾於執事得之不爲喜而獨區區欲一賀者誠以諫官者天下之得失一時之公議係焉今世之官自九卿百執事外至一郡縣吏非無貴官大職可以行其道也然縣越其封郡逾其境雖賢守長不得行以其有守也吏部之官不得理兵部鴻臚之卿不得理光

祿以其有司也若天下之得失生民之利害社稷之大計惟所見聞而不繫職司者獨宰相可行之諫官可言之爾故士學古懷道者仕於時不得為宰相必為諫官諫官雖卑與宰相等天子曰不可宰相曰可天子曰然宰相曰不然坐乎廟堂之上與天子相可否者宰相也天子曰是諫官曰非天子曰必行諫官曰必不可行立于殿陛之前與天子爭是非者諫官也宰相尊行其道諫官卑行其言言行道亦行也九卿百司郡縣之吏守一職者

任一職之責宰相諫官係天下之事亦任天下之責然宰相九卿而下失職者受責於有司諫官之失職也取譏於君子有司之法行乎一時君子之譏著之簡冊而昭明垂之百世而不泯甚可懼也夫七品之官任天下之責懼百世之譏豈不重邪非材且賢者不能也近執事始被召於陳州洛之士大夫相與語曰我識范君知其材也其來不爲御史必爲諫官及命下果然則又相語曰我識范君知其賢也他日聞有立天子陛下直辭正色面

諍廷論者非他人必范君也拜命以來翹首企足竚乎有聞而卒未也竊惑之豈洛之士大夫能料於前而不能料於後也將執事有待而爲也昔韓退之作諍臣論以譏陽城不能極諫卒以諫顯人皆謂城之不諫蓋有待而然退之不識其意而妄譏脩獨以爲不然當退之作論時城爲諫議大夫已五年後又二年始廷論陸贄及沮裴延齡作相欲裂其麻纔兩事耳當德宗時可謂多事矣授受失宜叛將强臣羅列天下又多猜忌進任小人於

此之時豈無一事可言而須七年耶當時之事豈無急於沮延齡論陸贄兩事耶謂宜朝拜官而夕奏疏也幸而城爲諫官七年適遇延齡陸贄事一諫而罷以塞其責向使止五年六年而遂遷司業是終無一言而去也何所取哉今之居官者率三歲而一遷或一二歲甚者半歲而遷也此又非可以待乎七年也今天子躬親庶政化理清明雖爲無事然自千里詔執事而拜是官者豈不欲聞正議而樂讜言乎今未聞有所言說使天下知朝廷

有正士而彰吾君有納諫之明也夫布衣韋帶之士窮居草野坐誦書史常恨不見用及用也又曰彼非我職不敢言或曰我位猶卑不得言得言矣又曰我有待是終無一人言也不可惜哉伏惟執事思天子所以見用之意懼君子百世之譏一陳昌言以塞重望且解洛士大夫之惑則幸甚幸甚

歐陽脩五代史宦者傳論

五代文章陋矣而史官之職廢於喪亂傳記小說多失其傳故其事迹終始不完而雜以訛謬至於英豪奮起戰爭勝敗國家興廢之際豈無謀臣之略辯士之談而文字不足以發之遂使泯然無傳於後世然獨張承業事卓卓在人耳目至今故老猶能道之其論議可謂偉然歟殆非宦者之言也自古宦者亂人之國其源深於女禍女色而已宦者之害非一端也盖其用事也近而習其爲心也

專而忍能以小善中人之意小信固人之心使人主必信而親之待其已信然後懼以禍福而把持之雖有忠臣碩士列于朝廷而人主以爲去已踈遠不若起居飲食前後左右之親爲可恃也故前後左右者日益親則忠臣碩士日益踈而人主之勢日益孤勢孤則懼禍之心日益切而把持者日益牢安危出其喜怒禍患伏於帷闥則嚮之所謂可恃者乃所以爲患也患已深而覺之欲與踈遠之臣圖左右之親近緩之則養禍而益深急之則

挾人主以爲質雖有聖智不能與謀謀之而不可爲爲之而不可成至其甚則俱傷而兩敗故其大者亡國其次亡身而使奸豪得借以爲資而起至抉音決其種類盡殺以快天下之心而後已此前史所載宦者之禍常如此者非一世也夫爲人主者非欲養禍于内而踈忠臣碩士于外蓋其漸積而勢使之然也夫女色之惑不幸而不悟則禍斯及矣使其一悟捽音族而去之可也宦者之爲禍雖欲悔悟而勢有不得而去也唐昭宗之事是已故曰

深於女禍者謂此也可不戒哉昭宗信狎宦者由是有東宮之幽既出而與崔胤圖之胤爲宰相顧力不足爲乃召兵于梁梁兵且至而宦者挾天子走之岐梁兵圍之三年昭宗既出而唐亡矣初昭宗之出也梁王悉誅唐宦者第五可範等七百餘人其在外者悉召天下捕殺之而宦者多爲諸鎮所藏匿而不殺是時方鎮僭擬悉以宦官給事而吳越最多及莊宗立詔天下訪求故唐時宦者悉送京師得數百人宦者遂復用事以至於亡此何

異求已覆之車躬駕而履其轍也可爲悲夫

歐陽脩眞州東園記

眞爲州當東南之水會故爲江淮兩浙荆湖發運使之治所龍圖閣直學士施君正臣侍御史許君子春之爲使也得監察御史裏行馬君仲塗爲其判官三人者樂其相得之懽而因其暇日得州之監軍廢營以作東園而日往遊焉歲秋八月子春以其職事走京師圖其所謂東園者來以示予曰園之廣百畝而流水橫其前清池浸其右高臺起其北臺吾望以拂雲之亭池吾俯以澄虛之閣水

吾泛以畫舫之舟敞其中以爲清讌之堂闢其後以爲射賓之圃芙蓉芰荷之的歷幽蘭白芷之芬芳與夫佳花美木列植而交陰此前日之蒼煙白露而荊棘也高甍（音蒙）巨桷水光日影動搖而上下其寬閑深靚（音凈）可以荅遠響而生清風此前日之頽垣斷塹而荒墟也嘉時令節州人士女嘯歌而管絃此前日之晦冥風雨鼪（音生）鼯（音吾）鳥獸之嗥（音豪）音也吾於是信有力焉凡圖之所載蓋其一二之略也吾乃升于高以望江山之遠近嬉于水而逐

魚鳥之浮沉其物象意趣登臨之樂覽者各自得焉凡工之所不能畫者吾亦不能言也其爲我書其大槩焉又曰眞天下之衝也四方之賓客往來者吾與之共樂于此豈獨私吾三人者哉然而池臺日益以新草樹日益以茂四方之士無日而不來而吾三人者有時而皆去也豈不眷眷於是哉不爲之記則後孰知其自吾三人者始也予以謂三君子之材賢足以相濟而又協于其職知所後先使上下給足而東南六路之人無辛苦愁怨之

聲然後休其餘閑又與四方之賢士大夫共樂於
此是皆可嘉也乃爲之書廬陵歐陽脩記

范仲淹嚴先生祠堂記

先生光武之故人也相尚以道及帝握赤符乘六龍得聖人之時臣妾億兆天下孰加焉惟先生以節高之旣而動星象歸江湖得聖人之淸泥塗軒冕天下孰加焉惟光武以禮下之在蠱之上九衆方有爲而獨不事王侯高尚其事先生以之在屯之初九陽德方亨而能以貴下賤大得民也光武以之蓋先生之心出乎日月之上光武之量包乎天地之外微先生不能成光武之大微光武豈能

遂先生之高哉而使貪夫廉懦夫立是大有功於名教也仲淹來守是邦始構堂而奠焉乃復爲其後者四家以奉祠事又從而歌曰雲山蒼蒼江水泱泱先生之風山高水長

范仲淹岳陽樓記

慶曆四年春滕子京謫守巴陵郡越明年政通人和百廢具興乃重脩岳陽樓增其舊制刻唐賢今人詩賦于其上屬予作文以記之予觀夫巴陵勝狀在洞庭一湖銜遠山吞長江浩浩蕩蕩横無際涯朝暉夕陰氣象萬千此則岳陽樓之大觀也前人之述備矣然則北通巫峽南極瀟湘仙客騷人多會於此覽物之情得無異乎若夫霪雨霏霏連月不開陰風怒號濁浪排空日星隱曜山岳潛形

商旅不行檣傾檝摧薄暮冥冥虎嘯猿啼登斯樓
也則有去國懷鄉憂讒畏譏滿目蕭然感極而悲
者矣至若春和景明波瀾不驚上下天光一碧萬
頃沙鷗翔集錦鱗遊泳岸芷汀蘭郁郁青青而或
長煙一空皓月千里浮光耀金靜影沉璧漁歌互
荅此樂何極登斯樓也則有心曠神怡寵辱皆忘
把酒臨風其喜洋洋者矣嗟夫予嘗求古仁人之
心或異二者之為何哉不以物喜不以己悲居廟
堂之高則憂其民處江湖之遠則憂其君是進亦

憂退亦憂然則何時而樂耶其必曰先天下之憂
而憂後天下之樂而樂歟噫微斯人吾誰與歸

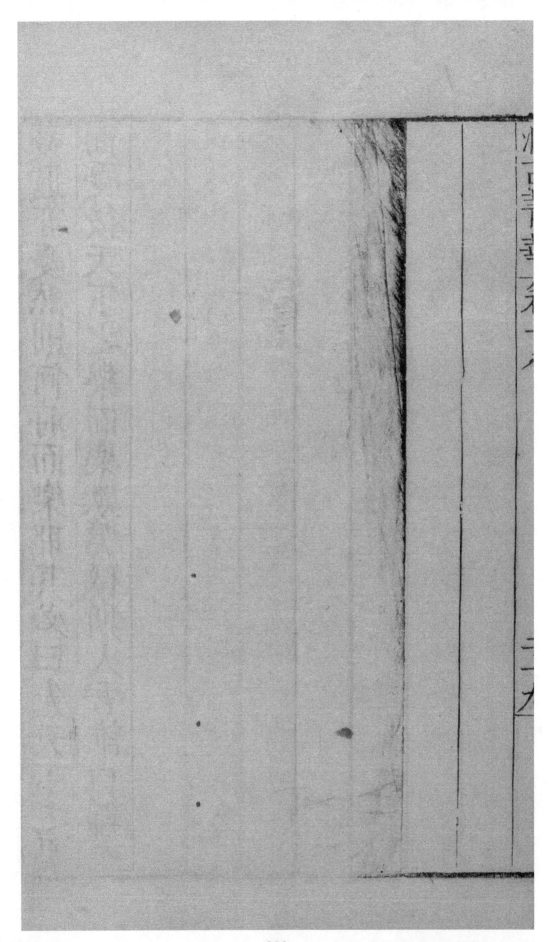

范仲淹唐狄梁公碑

天地閉孰將闢焉日月蝕孰將輝焉大厦仆孰將起焉神器墜孰將舉焉巖巖乎克當其任者惟梁公之偉歟公諱仁傑字懷英太原人也祖宗高烈本傳在矣公爲子極于孝爲臣極于忠忠孝之外揭如日月者敢歌于廟中公嘗赴并州掾過太行山反瞻河陽見白雲孤飛曰吾親在其下久而不能去左右爲之感動詩有陟岵陟屺傷君子于役弗忘其親之深吁嗟乎孝之至也忠之所繇生乎

公嘗以同府掾當使絕域其母老疾公謂之曰奈
何重太夫人萬里之憂詣長史府請代行時長史
司馬方睚眦不協感公之義歡如平生吁嗟乎與
人交而先其憂況君臣之際乎公爲大理寺丞決
諸道滯獄萬七千人天下服其平武衛將軍權善
才坐伐昭陵栢高宗命戮之公抗奏不郄上怒曰
彼致我不孝左右逐公令出公前曰陛下以一樹
而殺一將軍張釋之所謂假有盜長陵一抔土則
將何法以加之臣豈敢奉詔陷陛下於不道帝意

解善才得恕死吁嗟乎執法之官患在少恩公獨愛君以仁何所存之遠乎高宗幸汾陽宮道出妬女祠下彼俗謂盛服過者必有風雷之災并州發數萬人别開御道公爲知頓使曰天子之行風伯清塵雨師灑道彼何害哉遽命罷其役又公爲江南巡檢使奏毀淫祠千七百所所存惟夏禹太伯季子伍員四廟曰安使無功血食以亂明哲之祠乎吁嗟乎神猶正之而况于人乎公爲寧州刺史能撫戎夏郡人紀之碑及還豫州會越王亂後緣

坐七百人籍没者五千口有使促行刑公緩之密
表以聞曰臣言似理逆人不言則辜陛下好生之
意彼咸非本心唯陛下矜焉勑貸之流于九原郡
道出寧州舊治父老迎而勞之曰我狄史君活汝
輩也相攜哭于碑下齋三日而去吁嗟乎古謂民
之父母如公則過焉斯人也死而生之豈父母之
能乎時宰相張光輔率師平越王之亂將士貪暴
公拒之不應光輔怒曰州將忽元帥耶對曰公以
三十萬衆除一亂臣彼脅從輩聞王師來乘城而

降者萬計公縱暴兵殺降以爲功使無辜之人肝腦塗地如得尚方斬馬劒加於君頸雖死無恨光輔不能屈奏公不遜左遷復州刺史吁嗟乎孟軻有言威武不能屈是爲大丈夫其公之謂乎爲地官侍郎同鳳閣鸞臺平章事爲來俊臣誣下獄公曰大周革命萬物惟新唐朝舊臣甘從誅戮因家人告變得免死貶彭澤令獄吏嘗抑公誣引楊執柔公曰天乎吾何能爲以首觸柱流血被面彼懼而謝焉吁嗟乎陷穽之中不義不爲況廟堂之上

乎契丹陷冀州起公爲魏州刺史以禦焉時河朔震動咸驅民保郛郭公至下令曰百姓復爾業寇來吾身當之狄聞風而退魏人爲之立碑未幾入相請罷戍疏勒等四鎮以肥中國又請罷安東以息江南之饋輸識者韙之北狄再寇趙定間出公爲河北道元帥狄退就命公爲安撫大使前爲突厥所脅從者咸逃散山谷公請曲赦河北諸州以安反側朝廷從之吁嗟乎四方之事知無不爲豈虛尚清談而已乎公在相日中宗幽房陵則天欲

立武三思爲儲嗣一日問群臣可否衆稱賀公退而不荅則天曰乃有異議乎對曰有之昨陛下命三思募武士歲時之間數百人及命盧陵王代之數日之間應者十倍臣知人心未厭唐德則天怒令逐出又一日則天謂公曰我夢雙陸不勝者何對曰雙陸不勝宮中無子也復命逐出又一日則天有疾公入問閤中則天曰我夢鸚鵡雙翅折者何對曰武者陛下之姓相王盧陵王則陛下之羽翼也是可折乎時三思在側怒發赤色則天以公

屢言不奪一旦感悟遣中使密召廬陵王矯衣而入人無知者乃坐公于簾外而問曰我欲立三思群臣無不可者惟俟公一言從之則與卿長保富貴不從則無復得與卿相見矣公從容對曰太子天下之本本一搖而天下動陛下以一心之欲輕天下之動哉太宗百戰取天下授之子孫三思何與焉昔高宗寢疾令陛下權親軍國陛下奄有神器數十年又將以三思爲後如天下何且姑與母孰親子與姪孰近立廬陵王則陛下萬歲後享唐

之血食立三思則宗廟無祔姑之禮臣不敢愛死以奉制陛下其圖焉則天感泣命褰簾使廬陵王拜曰今日國老與汝天子公哭于地則天命左右起之拊公背曰豈朕之臣社稷之臣耶巳而奏曰還宮無儀孰爲太子復置廬陵王於龍門備禮以迎中外大悅吁嗟乎定天下之業斷天下之疑其至誠如神雷霆之威不得而變乎則天常命公擇人公曰欲何爲曰可將相者公曰如求文章則今宰相李嶠蘇味道足矣豈文士齷齪思得奇才以

成天下之務乎荆州長史張柬之眞宰相才誠老矣一朝用之尚能竭其心乃召拜洛州司馬他日又問人於公對曰臣前言張柬之雖遷洛州猶未用焉改秋官侍郎及召爲相果能誅張易之輩返正中宗復則天爲皇太后吁嗟乎薄文華重才實其知人之深乎公之勲德不可殫言有論議數十萬言李邕載之别傳論者謂松柏不夭金石不柔受於天焉公爲大理丞抗天子而不屈在豫州曰拒元帥而不下及居相位而能復廢主以正天下

之本豈非剛正之氣出乎誠性見于事業當時優游薦紳之中顛而不扶危而不持者亦何以哉仲淹貶守鄱陽移丹徒郡道過彭澤謁公之祠而述焉又系之云商有三仁弗救其滅漢有四皓正於未奪嗚呼武暴如火李寒如灰何心不隨何力不回我公哀傷拯天之士逆長風而孤騫愬大川以獨航金可革公不可革孰爲乎剛地可動公不可動孰爲乎方一朝感通群陰披攘天子既臣而皇天下既周而唐七世發靈萬年垂光噫非天下之

至誠其孰能當

李覯袁州州學記

皇帝二十有三年制詔州縣立學惟時守令有哲有愚有屈力殫慮祗順德意有假宮借師苟具文書或連數城亡誦弦聲倡而不和教尼不行三十有二年范陽祖君無擇知袁州始至進諸生知學宮闕狀大懼人材放失儒效濶踈亡以稱上意旨通判頴川陳君侁（音莘）聞而是之議以克合相舊夫子廟陿隘不足改爲乃營治之東厥土燥剛厥位面陽厥材孔良殿堂門廡黝（音幽）堊（音惡）丹漆舉以法

故生師有舍庖廩有次百爾器備並手偕作工善吏勤晨夜展力越明年成舍采且有日旰音吁江李覯諗于衆曰惟四代之學考諸經可見已秦以山西鏖音熬六國欲帝萬世劉氏一呼而關門不守武夫徤將賁降恐後何耶詩書之道廢人惟見利而不聞義焉耳孝武乘豐富世祖出戎行皆孳孳學術俗化之厚延于靈獻草茅危言者折首而不悔功烈震主者聞命而釋兵羣雄相視不敢去臣位尚數十年教道之結人心如此今代遭聖神爾袁

得聖君俾爾由庠序踐古人迹天下治則譚禮樂以陶吾民一有不幸尢當仗大節爲臣死忠爲子死孝使人有所賴且有所法是惟朝廷教學之意若其弄筆墨以徼利達而已豈徒二三子之羞抑亦爲國者之憂

司馬光諫院題名記

古者諫無官自公卿大夫至于工商無不得諫者漢興以來始置官夫以天下之政四海之衆得失利病萃于一官使言之其爲任亦重矣居是官者當志其大捨其細先其急後其緩專利國家而不爲身謀彼汲汲於名者猶汲汲於利也其間相去何遠哉天禧初眞宗詔置諫官六員責其職事慶曆中錢君始書其名於版光恐久而漫滅嘉祐八年刻著于石後之人將歷指其名而議之曰某也

忠某也詐某也直某也曲嗚呼可不懼哉

蘇洵春秋論

賞罰者天下之公也是非者一人之私也位之所在則聖人以其權爲天下之公而天下以懲以勸道之所在則聖人以其權爲一人之私而天下以榮以辱周之衰也位不在夫子而道在焉夫子以其權是非天下可也而春秋賞人之功赦人之罪去人之族絶人之國貶人之爵諸侯而或書其名大夫而或書其字不惟其法惟其意不徒曰此是此非而賞罰加焉則夫子固曰我可以賞罰人矣

賞罰人者天子諸侯事也夫子病天下之諸侯大夫僭天子諸侯之事而作春秋而已則爲之其何以責天下位公也道私也私不勝公則道不勝位位之權得以賞罰而道之權不過於是非道在我矣而不得爲有位者之事則天下皆曰位之不可僭也如此不然天下其誰不曰道在我則是道者位之賊也曰夫子豈誠賞罰之耶徒曰賞罰之耳庸何傷曰我非君也非吏也執塗之人而告之曰某爲善某爲惡可也繼之曰某爲善吾賞之某爲

惡吾誅之則人有不笑我者乎夫子之賞罰何以
異此然則何足以爲夫子何足以爲春秋曰夫子
之作春秋也非曰孔氏之書也又非曰我作之也
賞罰之權不得以自與也曰此魯之書也魯作之
也有善而賞之曰魯賞之也有惡而罰之曰魯罰
之也何以知之曰夫子繫易謂之繫辭言孝謂之
孝經皆自名之則夫子私之也而春秋者魯之所
以名史而夫子託焉則夫子公之也公之以魯史
之名而賞罰之權固在魯矣春秋之賞罰自魯而

及于天下天子之權也魯之賞罰不出境而以天子之權與之何也曰天子之權在周夫子不得已而以與魯也武王之崩也天子之位當在成王而成王幼周公以爲天下不可以無賞罰故不得已而攝天子之位以賞罰天下以存周室周之東遷也天子之權當在平王平王昏亂故夫子亦曰天下不可以無賞罰而魯周公之國也居魯之地宜如周公不得已而假天子之權以賞罰天下以尊周室故以天子之權與之也然則假天子之權宜

如何曰如齊桓晉文可也夫子欲魯如齊桓晉文而不遂以天子之權與齊晉何也齊桓晉文陽爲尊周而實欲富强其國故夫子與其事而不與其心周公心存王室雖其子孫不能繼而夫子思周公而許其假天子之權以賞罰天下其意曰有周公之心而後可以行桓文之事此其所以不與齊晉而與魯也夫子亦知魯君之才不足以行周公之事矣顧其心以爲今之天下無周公故至此是故以天子之權與其子孫所以見思周公之意也

吾觀春秋之法皆周公之法而又詳內而略外此
其意欲魯法周公之所爲且先自治而後治人也
明矣夫子嘆禮樂征伐自諸侯出而田恒弑其君
則沐浴而請討然則天子之權夫子固明以與魯
矣子貢之徒不達夫子之意續經而書孔丘卒夫
子既告老矣大夫告老而卒不書而夫子獨書夫
子作春秋以公天下而豈私一孔丘哉嗚呼夫子
以爲魯國之書而子貢之徒以爲孔氏之書也歟
遷固之史有是非而無賞罰彼亦史臣之體宜爾

也後之效孔子作春秋者吾惑焉春秋有天子之權天下有君則春秋不當作天下無君則天子之權吾不知其誰與天下之人烏有如周公之後之可與者與之而不得其人則亂不與人而自與則僭不與人不自與而無所與則散嗚呼後之春秋亂耶僭耶散耶

蘇洵諫論上

古今論諫常與諷而少直其說盖出于仲尼吾以爲諷直一也顧用之之術何如耳伍舉進隱語楚王淫益甚茅焦解衣危論秦帝立悟諷固不可盡與直亦未易少之吾故曰顧用之之術何如耳然則仲尼之說非乎曰仲尼之說純乎經者也吾之說參乎權而歸乎經者也如得其術則人君有少不爲桀紂者吾百諫而百聽矣况虛已者乎不得其術則人君有少不若堯舜者吾百諫而百不聽

矣況逆忠者乎然則奚術而可曰機智勇辯如古游說之士而已夫游說之士以機智勇辯濟其詐吾欲諫者以機智勇辯濟其忠請備論其效周衰游說熾于列國自是世有其人吾獨怪夫諫而從者百一說而從者十九諫而死者皆是說而死者未嘗聞然而抵觸忌諱說或甚於諫由是知不必乎諷諫而必乎術也說之術可爲諫法者五理諭之勢禁之利誘之激怒之隱諷之之謂也觸讋言以趙后愛女賢於愛子未旋踵而長安君出質甘

羅以杜郵之死詰張唐而相燕之行有日趙卒以兩賢王之意語燕而立歸武臣此理而諭之也子貢以內憂教田常而齊不得伐魯武公以麋鹿脅頃襄而楚不敢圖周魯連以烹醢懼垣衍而魏不果帝秦此勢而禁之也田生以萬戶侯啓張卿而劉澤封朱建以富貴餌閎孺而辟陽赦鄒陽以愛幸悅長君而梁王釋此利而誘之也蘇秦以牛後羞韓而惠王按劍太息范雎以無王恥秦而昭王長跪請教酈生以助秦凌漢而沛公輟洗聽計此

激而怒之也蘇代以土偶笑田文楚人以弓繳感襄王蒯通以娶婦悟齊相此隱而諷之也五者相傾險詖之論雖然施之忠臣足以成功何則理而諭之主雖昏必悟勢而禁之主雖驕必懼利而誘之之主雖怠必奮激而怒之主雖懦必立隱而諷之主雖暴必容悟則明懼則恭奮則勸立則勇容則寬致君之道盡于此矣吾觀昔之臣言必從理必濟莫若唐魏鄭公其初實學縱横之説此所謂得其術者歟噫龍逢比干不獲稱良臣無蘇秦張儀

之術也蘇秦張儀不免爲游說無龍逢比干之心也是以龍逢比干吾取其心不取其術蘇秦張儀吾取其術不取其心以爲諫法

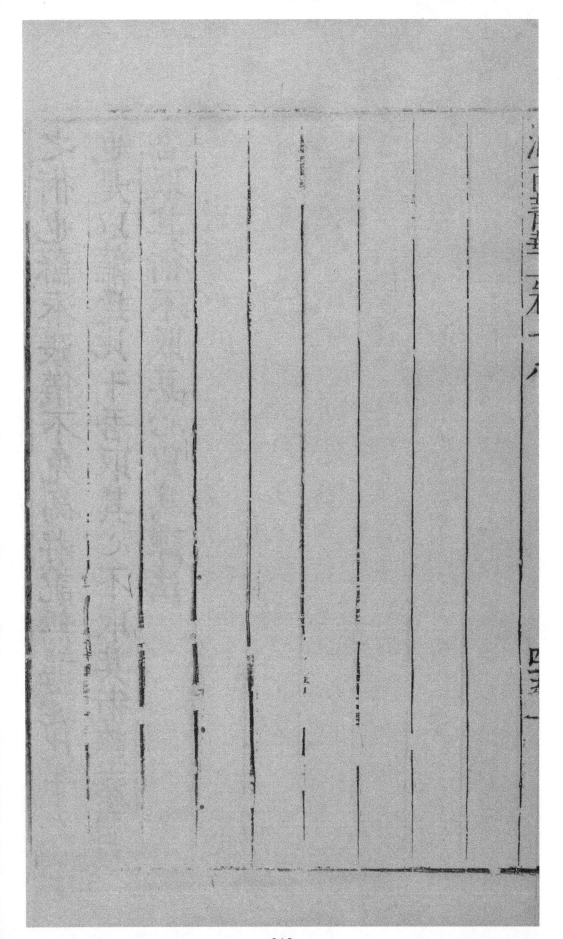

蘇洵諫論下

夫臣能諫不能使君必納諫非眞能諫之臣君能納諫不能使臣必諫非眞能納諫之君欲君必納乎嚮之論備矣欲臣必諫乎吾其言之夫君之大天也其尊神也其威雷霆也人之不能抗天觸神忤雷霆亦明矣聖人知其然故立賞以勸之傳曰興王賞諫臣是也猶懼其巽耎音軟阿諛使一日不得聞其過故制刑以威之書曰臣下不匡其刑墨是也人之情非病風喪心未有避賞而就刑者何

苦而不諫哉賞與刑不設則人之情又何苦而抗天觸神忤雷霆哉自非性忠義不悅賞不畏罪誰欲以言悖死者人君又安能盡得性忠義者而任之令有三人焉一人勇一人勇怯半一人怯有與之臨乎淵谷者且告之曰能跳而越此謂之勇不然爲怯彼勇者恥怯必跳而越焉其勇怯半者與怯者則不能也又告之曰跳而越者與千金不然則否彼勇怯半者奔利必跳而越焉其怯者猶未能也須臾顧見猛虎暴然向逼則怯者不待告跳

而越之如康莊矣然則人豈有勇怯哉要在以勢驅之耳君之難犯猶淵谷之難越也所謂性忠義不悅賞不畏罪者勇者也故無不諫焉悅賞者勇怯半者也故賞而後諫焉畏罪者怯者也故刑而後諫焉先王知勇者不可常得故以賞爲千金以刑爲猛虎使其前有所趨後有所避其勢不得不極言規失此三代所以興也末世不然遷其賞於不諫遷其刑於諫宜乎臣之噤（音禁）口卷舌而亂亡隨之也閒或賢君欲聞其過亦不過賞之而已嗚

呼不有猛虎彼怯者肯越淵谷乎此無他墨刑之廢耳三代之後如霍光誅昌邑不諫之臣者不亦鮮哉今之諫賞時或有之不諫之刑缺然無矣苟增其所有有其所無則諛者直佞者忠况忠直者乎誠如是欲聞讜言而不獲吾不信也

蘇洵管仲論

管仲相威公霸諸侯攘戎狄終其身齊國富彊諸侯不敢叛管仲死豎刁易牙開方用威公薨於亂五公子爭立其禍蔓延訖簡公齊無寧歲夫功之成非成于成之日蓋必有所由起禍之作不作于作之日亦必有所由兆故齊之治也吾不曰管仲而曰鮑叔及其亂也吾不曰豎刁易牙開方而曰管仲何則豎刁易牙開方三子彼固亂人國者顧其用之者威公也夫有舜而後知放四凶有仲尼

而後知去少正卯彼威公何人也顧其使威公得用三子者管仲也仲之疾也公問之相當是時也吾意以仲且舉天下之賢者以對而其言乃不過曰豎刁易牙開方三子非人情不可近而已嗚呼仲以為威公果能不用三子矣乎仲與威公處幾年矣亦知威公之為人矣乎威公聲不絕乎耳色不絕於目而非三子者則無以遂其欲彼其初之所以不用者徒以有仲焉耳一日無仲則三子者可以彈冠而相慶矣仲以為將死之言可以縶威

公之手足耶夫齊國不患有三子而患無仲有仲則三子者三匹夫耳不然天下豈少三子之徒哉雖威公幸而聽仲誅此三人其餘者仲能悉數而去之耶嗚呼仲可謂不知本者矣因威公之問舉天下之賢者以自代則仲雖死而齊國未爲無仲也夫何患三子者不言可也五伯莫盛於威文文公之才不過威公其臣又皆不及仲靈公之虐不如孝公之寬厚文公死諸侯不敢叛晉晉襲文公之餘威猶得爲諸侯之盟主百餘年何者其君雖

不肖而尚有老成人焉威公之薨也一敗塗地無惑也彼獨恃一管仲而仲則死矣夫天下未嘗無賢者蓋有有臣而無君者矣威公在焉而曰天下不復有管仲者吾不信也仲之書有記其將死論鮑叔賓胥無之爲人且各疏其短是其心以爲是數子者皆不足以托國而又逆知其將死則其書誕謾不足信也吾觀史鰍以不能進蘧伯玉而退彌子瑕故有身後之諫蕭何且死舉曹參以自代大臣之用心固宜如此也一國以一人與以一人

亡賢者不悲其身之死而憂其國之衰故必復有
賢者而後可以死彼管仲者何以死哉

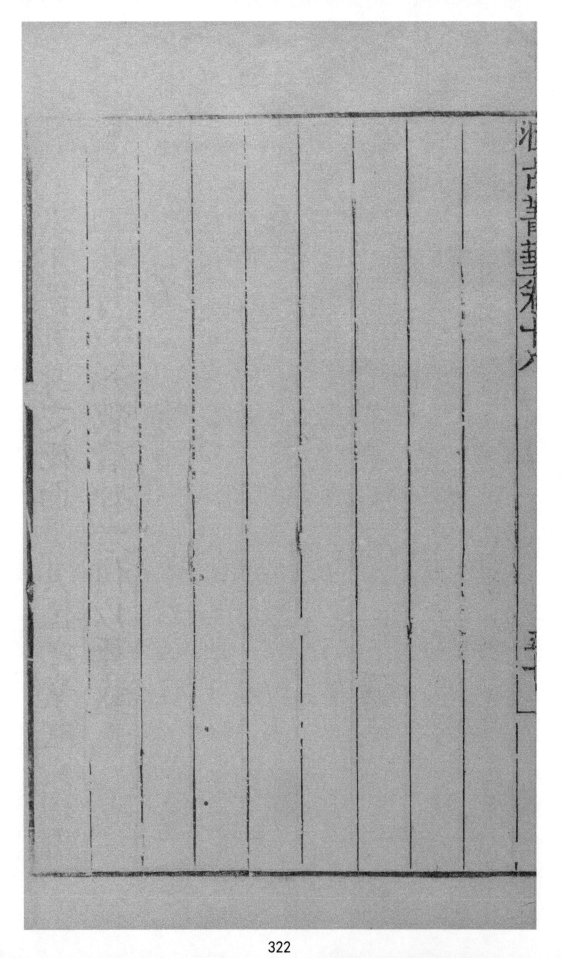

蘇洵明論

天下有大知有小知人之智慮有所及有所不及聖人以其大知而兼其小知之功賢人以其所及而濟其所不及愚者不知大知而以其所不及喪其所及故聖人之治天下也以常而賢人之治天下也以時既不能常又不能時悲夫殆哉夫惟大知而後可以常以其所及濟其所不及而後可以時常也者無治而不治者也時也者無亂而不治者也日月經乎中天大可以被四海而小或不能

入一室之下彼固無用此區區小明也故天下視日月之光儼然其若君父之威故自有天地而有日月以至於今而未嘗可以一日無焉天下嘗有言曰叛父母褻神明則雷霆下擊之雷霆固不能爲天下盡擊此等輩也而天下之所以兢兢然不敢犯者有時而不測也使雷霆日轟轟（音薨）焉遶天下以求夫叛父母褻神明之人而擊之則其人未必能盡而雷霆之威無乃褻乎故夫知日月雷霆之分者可以用其明矣聖人之明吾不得而知也

吾獨愛夫賢者之用其心約而成功博也吾獨怪夫愚者之用其心勞而功不成也是無他也專於其所及而及之則其及必精兼於其所不及而及之則其及必粗及之而精人將曰是惟無及及則精矣不然吾恐姦雄之竊笑也齊威王即位大亂三載威王一奮而諸侯震懼二十年是何脩何營耶夫齊國之賢者非獨一即墨大夫明矣亂齊國者非獨一阿大夫與左右譽阿而毀即墨者幾人亦明矣一即墨大夫易知也一阿大夫易知也左

右譽阿而毀卽墨者幾人易知也從其易知而精之故用心甚約而成功博也天下之事譬如有物十焉吾舉其一而人不知吾之不知其九也歷數之至於九而不知其一不如舉一之不可測也而况乎不至於九也

蘇洵心術論

爲將之道當先治心泰山崩於前而色不變麋鹿興於左而目不瞬然後可以制利害可以待敵凡兵上義不義雖利勿動非一動之爲利害而他日將有所不可措手足也夫惟義可以怒士士以義怒可與百戰凡戰之道未戰養其財將戰養其力既戰養其氣既勝養其心謹烽燧嚴斥候使耕者無所顧忌所以養其財豐犒而優游之所以養其力小勝益急小挫益厲所以養其氣用人不盡其

所欲爲所以養其心故士常蓄其怒懷其欲而不盡怒不盡則有餘勇欲不盡則有餘貪故雖并天下而士不厭兵此黃帝之所以七十戰而兵不殆也不養其心一戰而勝不可用矣凡將欲智而嚴凡士欲愚智則不可測嚴則不可犯故士皆委己而聽命夫安得不愚夫惟士愚而後可與之皆死

凡兵之動知敵之主知敵之將而後可以動於險鄧艾縋音垂兵於蜀中非劉禪之庸則百萬之師可以坐縛彼固有所侮而動也故古之賢將能以兵

嘗敵而又以敵自嘗故去就可以決凡主將之道知理而後可以舉兵知勢而後可以加兵知節而後可以用兵知理則不屈知勢則不沮知節則不窮見小利不動見小患不避小利小患不足以辱吾技也夫然後有以支大利大患夫惟養技而自愛者無敵於天下故一忍可以支百勇一靜可以制百動兵有長短敵我一也敢問吾之所長吾出而用之彼將不與吾校吾之所短吾蔽而置之彼將彊與吾角奈何曰吾之所短吾抗而暴之使之

疑而卻吾之所長吾陰而養之使之狎而墮其中此用長短之術也善用兵者使之無所顧有所恃無所顧則知死之不足惜有所恃則知不至於必敗尺箠當猛虎奮呼而操擊徒手遇蜥音悉蜴音剔變色而卻步人之情也知此者可以將矣袒裼而按劒則烏獲不敢逼冠冑衣甲據兵而寢則童子彎弓殺之矣故善用兵者以形固夫能以形固則力有餘矣

蘇洵六國論

六國破滅非兵不利戰不善弊在賂秦賂秦而力虧破滅之道也或曰六國互喪在賂秦耶曰不賂者以賂者喪蓋失强援不能獨全故曰弊在賂秦也秦以攻取小則獲邑大則得城較秦之所得與戰勝而得者其實百倍諸侯之所亡與戰敗而亡者其實亦百倍則秦之所大欲諸侯之所大患固不在戰矣思厥先祖父暴霜露斬荆棘以有尺寸之地子孫視之不甚惜舉以與人如棄草芥今日

割五城明日割十城然後得一夕安寢起視四境而秦兵又至矣然則諸侯之地有限暴秦之欲無厭奉之彌繁侵之愈急故不戰而强弱勝負已判然矣至于顛覆理固宜然古人云以地事秦猶抱薪救火薪不盡火不滅此言得之齊人未嘗賂秦終繼五國遷滅何哉與嬴而不助五國也五國既喪齊亦不免矣燕趙之君始有遠略能守其土義不賂秦是故燕雖小國而後亡斯用兵之效也至丹以荊卿爲計始速禍焉趙嘗五戰于秦二敗而

三勝後秦擊趙者再李牧連郤之洎牧以讒誅邯鄲爲郡惜其用武而不終也且燕趙處秦革滅殆盡之際可謂智力孤危戰敗而亡誠不得已向使三國各愛其地齊人勿附于秦刺客不行良將猶在則勝負之數存亡之理當與秦相較或未易量嗚呼以賂秦之地購天下之謀臣以事秦之心禮天下之奇才幷力西嚮則臣恐秦人食之不得下咽也悲夫有如此之勢而爲秦人積威之所刼日削月割以趨于亡爲國者無使爲積威之所刼哉

夫六國與秦皆諸侯也其勢弱於秦而猶有可以不賂而勝之之勢苟以天下之天下而從夫六國敗亡之故事是又在六國下矣

蘇洵上田樞密書

天之所以與我者豈偶然哉堯不得以與丹朱舜不得以與商均而瞽瞍不得奪諸舜發於其心出於其言見於其事確乎其不可易也聖人不得以與人父不得奪諸其子於此見天之所以與我者不偶然也夫其所以與我者必有以用我也我知之不得行之不以告人天固用之我實置之其名曰棄天自卑以求幸其言自小以求用其道天之所以與我者何如而我如此也其名曰褻天棄天

我之罪也褻天亦我之罪也不棄不褻而人不我用不我用之罪也其名曰逆天然則棄天褻天者其責在我逆天者其責在人在我者吾將盡吾力之所能爲者以塞夫天之所以與我之意而求免夫天下後世之譏在人者吾何知焉吾知免夫一身之責之不暇而暇爲人憂乎哉孔子孟軻之不遇老於道途而不倦不慍不怍不沮者夫固知夫道之所在也衛靈魯哀齊宣梁惠之徒不足相與以有爲也我亦知之矣抑將盡吾心焉耳吾心之

不盡吾恐天下後世無以責夫衛靈魯哀齊宣梁惠之徒而彼亦將有以辭其責也然則孔子孟軻之目將不瞑於地下矣夫聖人賢人之用心也固如此如此而生如此而死如此而貧賤如此而富貴升而爲天沉而爲淵流而爲川止而爲山彼不預吾事吾事畢矣切怍夫後之賢者不能自處其身也饑寒困窮之不勝而號於人嗚呼使吾誠死於饑寒困窮耶則天下後世之責將必有在彼其身之責不自任以爲憂而我取而加之吾身不亦

過乎今洵之不肖何敢自列於聖賢然其心亦有所甚不自輕者何則天下之學者孰不欲一蹴而造聖人之域然及其不成也求一言之幾乎道而不可得也千金之子可以貧人可以富人非天之所與雖以貧人富人之權求一言之幾乎道不可得也天子之宰相可以生人可以殺人非天之所與雖以生人殺人之權求一言之幾乎道不可得也今洵用力於聖人賢人之術亦已久矣其言語其文章雖不識其果可以有用於今而傳於後與

否獨惟夫得之之不勞方其致思於心也若或啓之得之心而書之紙也若或相之夫豈無一言之幾於道者乎千金之子天下之宰相求而不得者一旦在巳故其心有以自負或者天其亦有以與我也曩者見執事於益州當時之文淺狹可笑饑寒窮困亂其心而聲律記問又從而破壞其體不足觀也巳數年來退居山野自分永棄與世俗日疏闊得以大肆其力於文章詩人之優柔騷人之清深孟韓之温醇遷固之雄剛孫吴之簡切投之

所向無不如意嘗試以爲董生得聖人之經其失也流而爲迂晁錯得聖人之權其失也流而爲詐有二子之材而不流者其惟賈生乎惜乎今之世愚未見其人也作策二道曰審勢曰審敵作書十篇曰權書洵有山田一頃非凶歲可以無饑力耕而節用亦足以自老不肖之身不足惜而天之所與者不忍棄且不敢褻也執事之名滿天下天下之士用與不用在執事故敢以所謂策二道權書十篇爲獻平生之文遠不可多致有洪範論史論

十篇近以獻內翰歐陽公度執事與之朝夕相從議天下之事則斯文也其亦庶乎得陳于前矣若夫言之可用與其身之可貴與否者執事事也執事責也於洵何有哉

蘇洵蘇氏族譜亭記

匹夫而化鄉人者吾聞其語矣國有君邑有大夫而爭訟者訴於其門鄉有庠里有學而學道者赴於其家鄉人有爲不善於室者父兄輒相與恐曰吾夫子無乃聞之鳴呼彼獨何修而得此哉意者其積之有本末而施之有次第耶今吾族人猶有服者不過百人而歲時蜡社不能相與盡其歡欣愛洽稍遠者至不相往來是無以示吾鄉黨鄰里也乃作蘇氏族譜立亭於高祖墓塋之西南而刻

石焉既而告之曰凡在此者死必赴冠娶妻必告少而孤則老者字之貧而無歸則富者收之而不然者族人之所共誚讓也歲正月相與拜奠於墓下既奠列坐於亭其老者顧少者而嘆曰是不及見吾鄉鄰風俗之美矣自吾少時見有爲不義者則衆相與疾之如見恠物焉慄焉而不寧其後少衰也猶相與笑之今也則相與安之耳是起於某人也夫某人者是鄉之望人也而大亂吾俗焉是故其誘人也速其爲害也深自斯人之逐其兄之

遺孤子而不卹也而骨肉之恩薄自斯人之多取其先人之貲田而欺其諸孤子也而孝悌之行缺自斯人之爲其諸孤子之所訟也而禮義之節廢自斯人之以妾加其妻也而嫡庶之別混自斯人之篤於聲色而父子雜處讙譁不嚴也而閨門之政亂自斯人之贖財無厭惟富者之爲賢也而廉耻之路塞此六行者吾往時所謂大慙而不容者也今無知之人皆曰某人何人也猶且爲之其輿馬赫奕婢妾靚音淨麗足以蕩惑里巷之小人其官

爵貨利足以搖動府縣其矯詐修飾言論足以欺罔君子是州里之大盜也吾不敢以告鄉人而私以戒族人焉髣髴於斯人之一節者願無過吾門也予聞之懼而請書焉老人曰書其事而闕其姓名使他人觀之則不知其爲誰而夫人觀之則面熱内慙汗出而食不下也且無彰之庶其有悔乎予曰然乃記之

蘇軾刑賞忠厚之至論

堯舜禹湯文武成康之際何其愛民之深憂民之切而待天下以君子長者之道也有一善從而賞之又從而咏歌嗟嘆之所以樂其始而勉其終有一不善從而罰之又從而哀矜懲創之所以棄其舊而開其新故其吁俞之聲歡休慘戚見於虞夏商周之書成康既沒穆王立而周道始衰然猶命其臣呂侯而告之以祥刑其言憂而不傷威而不怒慈愛而能斷惻然有哀憐無辜之心故孔子猶

有取焉傳曰賞疑從與所以廣恩也罰疑從去所以慎刑也當堯之時皐陶爲士將殺人皐陶曰殺之三堯曰宥之三故天下畏皐陶執法之堅而樂堯用刑之寛四岳曰鯀可用堯曰不可鯀方命圮族既而曰試之何堯之不聽皐陶之殺人而從四岳之用鯀也然則聖人之意蓋亦可見矣書曰罪疑惟輕功疑惟重與其殺不辜寧失不經嗚呼盡之矣可以賞可以無賞賞之過乎仁可以罰可以無罰罰之過乎義過乎仁不失爲君子過乎義則

流而入於忍人故仁可過也義不可過也古者賞不以爵祿刑不以刀鋸賞之以爵祿是賞之道行於爵祿之所加而不行於爵祿之所不加也刑以刀鋸是刑之威施於刀鋸之所及而不施於刀鋸之所不及也先王知天下之善不勝賞而爵祿不足以滿也知天下之惡不勝刑而刀鋸不足以裁也是故疑則舉而歸之於仁以君子長者之道待天下使天下相率而歸於君子長者之道故曰忠厚之至也詩曰君子如祉亂庶遄已君子如怒亂

庶遄沮夫君子之已亂豈有異術哉時其喜怒而無失乎仁而已矣春秋之義立法貴嚴而責人貴寬因其褒貶之義以制賞罰亦忠厚之至也

蘇軾王者不治夷狄論

夷狄不可以中國之治治也譬若禽獸然求其大治必至於大亂先王知其然是故以不治治之治之以不治者乃所以深治之也春秋書公會戎於潛何休曰王者不治夷狄錄戎來者不拒去者不追也夫天下之至嚴而用法之至詳者莫如春秋凡春秋之書公書侯書字書名其君得爲諸侯其臣得爲大夫者舉皆齊晉也不然則齊晉之與國也其書州書國書氏書人其君不得爲諸侯其臣

不得爲大夫者舉皆秦楚也不然則秦楚之與國也夫齊晉之君所以治其國家擁衛天子而愛養百姓者豈能盡如古法哉盖亦出於詐力而參之以仁義是齊晉亦未能純爲中國也秦楚者亦非皆貪冒無耻肆行而不顧也盖亦有秉道行義之君焉是秦楚亦未至於純爲夷狄也齊晉之君不能純爲中國而春秋之所與者常在焉有善則汲汲而書之惟恐其不得聞於後世有過則多方而開赦之惟恐其不得爲君子秦楚之君未至於純

爲夷狄而春秋之所不與者常在焉有善則畧而後進有惡則畧而不録以爲不足録也是非獨私於齊晉而偏疾於秦楚也以見中國之不可以一日背夷狄之不可一日向也其不純者不足以計其褒貶則其純者可知矣故曰天下之至嚴而用法之至詳者莫如春秋夫戎者豈特如秦楚之流入於戎狄而已哉然而春秋書之曰公會戎于潜公無所貶而戎爲可會是獨何歟夫戎之不能以會禮會公亦明矣此學者之所深疑而求其說也

故曰王者不治夷狄録戎來者不拒去者不追也夫以戎之不可以化誨懷服也彼其不悍然執兵以與我從事於邊鄙固亦幸矣又況知有所謂會者而欲行之是豈不足以深嘉其意乎不然將深責其禮彼將有所不堪而發其暴怒則其禍大矣仲尼深憂之故因其來而書之以會曰若是足矣是將以不治深治之也由是觀之春秋之疾戎狄者非疾純戎狄也疾其以中國而流入於戎狄者也

蘇軾觀過知仁論

孔子曰人之過也各於其黨觀過斯知仁矣自孔安國以下解者未有得其本旨者也禮曰與仁同功其仁未可知也與仁同過然後其仁可知也聞之於師曰此論語之義疏也請得以論其詳人之難知也江海不足以喻其深山谷不足以配其險浮雲不足以比其變楊雄有言有人則作之無人則輟之夫苟見其作而不見其輟雖盜跖爲伯夷可也然古人有名知人者其效如影響其信如蓍

龜此何道也故彼其觀人也亦多術矣委之以利以觀其節秉之以猝以觀其量伺之以獨以觀其守懼之以敵以觀其氣故晉文公以壺飧得趙衰郭林宗以破甑得孟敏是豈一道也哉夫與仁同功而謂之仁則公孫弘之布被與子路縕袍何異陳仲子之螬李與顏淵之簞瓢何辯何則功者人所趨也過者人所避也審其趨避而真僞見矣古人有言曰鉏麑違命也推其仁可以託國斯其爲觀過知仁也與

蘇軾范增論

漢用陳平計間疎楚君臣項羽疑范增與漢有私稍奪其權增大怒曰天下事大定矣君王自爲之願賜骸骨歸卒伍歸未至彭城疽發背死蘇子曰增之去善矣不去羽必殺增獨恨其不早耳然則當以何事去增勸羽殺沛公羽不聽終以此失天下當於是去耶曰否增之欲殺沛公人臣之分也羽之不殺猶有君人之度也增曷爲以此去哉易曰知幾其神乎詩曰相彼雨雪先集維霰增之去

當于羽殺卿子冠軍時也陳涉之得民也以項燕扶蘇項氏之興也以立楚懷王孫心而諸侯叛之也以弒義帝且義帝之立增爲謀主矣義帝之存亡豈獨爲楚之盛衰亦增之所與同禍福也未有義帝亡而增獨能久存者羽之殺卿子冠軍也是弒義帝之兆也其弒義帝則疑增之本也豈必待陳平哉物必先腐也而後蟲生之人必先疑也而後讒入之陳平雖智安能間無疑之主哉吾嘗論義帝天下之賢主也獨遣沛公入關不遣項羽識

卿子冠軍於稠人之中而擢以爲上將不賢而能如是乎羽旣矯殺卿子冠軍義帝必不能堪非羽弑帝則帝殺羽不待智者而後知也增始勸項梁立義帝諸侯以此服從中道而弑之非增之意也夫豈獨非其意將必力爭而不聽也不用其言而殺其所立羽之疑增必自是始矣方羽殺卿子冠軍增與羽比肩而事義帝君臣之分未定也爲增計者力能誅羽則誅之不能則去之豈不毅然大丈夫也哉增年已七十合則留不合則去不以此

時明去就之分而欲依羽以成功名陋矣雖然增高帝之所畏也增不去項羽不亡嗚呼增亦人傑也哉

蘇軾大臣論

天下之權在於小人君子之欲擊之也不亡其身則亡其君然則是小人者終不可去乎聞之曰迫人者其智淺迫於人者其智深非才有不同所居之勢然也古之爲兵者圍師勿遏窮寇勿追誠恐其知死而致力則雖有衆無所用之故曰同舟而遇風則胡越可使相救如左右手小人之心自知其負天下之怨而君子之莫吾赦也則將日夜爲計以備一旦卒然不可測之患今君子又從而疾

惡之是以其謀不得不深其交不得不合交合而謀深則其致毒也忿戾而不可解故凡天下之患起於小人而成於君子之速之也小人在內君子在外君子爲客小人爲主主未發而客先焉則小人之詞直而君子之勢近於不順直則可以欺衆而不順則難以令其下故昔之舉事者常以中道而衆散以至於敗則其理豈不甚明哉若夫智者則不然內以自固其君子之交而厚集其勢外以陽浮而不逆於小人之意以待其閒寬之使不吾

疾狃之使不吾慮啖之以利以昏其智順適其意以殺其怒然後待其發而乘其隙推其墜而挽其絕故其用力也約而無後患莫爲之先故君不怒而勢不偪音逼如此者功成而天下安之今夫小人急之則合寬之則散是從古以然也見利不能不爭見患不能不避無信不能不相詐無禮不能不相瀆是故其交易間其黨易破也而君子不務寬之以待其變而急之以合其交亦已過矣君子小人雜居而未決爲君子之計者莫若深交而無爲

苟不能深交而無爲則小人倒持其柄而乘吾隙
昔漢高之亡以天下屬平勃及高后臨朝擅王諸
呂廢黜劉氏平日縱酒無一言及用陸賈計以千
金交歡絳侯卒以此誅諸呂定劉氏使此二人者
而不相能則是將相相攻之不暇而何暇及於劉
呂之存亡哉故其說曰將相和調則士豫附士豫
附則天下雖有變而權不分嗚呼知此其足以爲
大臣矣夫

蘇軾伊尹論

辨天下之大事者有天下之大節者也立天下之大節者狹天下者也夫以天下之大而不足以動其心則天下之大節有不足立而大事有不足辨者矣今夫匹夫匹婦亦知潔廉忠信之爲美也使其果廉潔而忠信則其智慮未始不如王公大人之能也唯其所爭者止於簞食豆羹而簞食豆羹足以動其心則宜其智慮之不出乎此也簞食豆羹非其道不取則一鄉之人莫敢以不正犯之矣

一鄉之人莫敢以不正犯之而不能辨一鄉之事者未之有也推此而上其不取者愈大則其所辨者愈遠矣讓天下與讓簞食豆羹無以異也治天下與治一鄉亦無以異也然而不能者有所蔽也天下之富是簞食豆羹之積也天下之大是一鄉之推也非千金之子不能運千金之資販夫販婦得一金而不知其所措非智不若所居之卑也孟子曰伊尹耕於有莘之野非其道也非其義也雖祿之天下弗受也夫天下不能動其心是故其才

全以其全才而制天下是故臨大事而不亂古之君子必有高世之行非苟求爲異而已卿相之位千金之富有所不屑將以自廣其心使窮達利害不能爲之芥蔕以全其才而欲有所爲耳後之君子蓋亦嘗有其志矣得失亂其中而榮辱奪其外是以役役至於老死而不暇亦足悲矣孔子叙書至於舜禹臯陶相讓之際蓋未嘗不太息也夫以朝廷之尊而行匹夫之讓孔子安取哉取其不汲汲於富貴有以大服天下之心焉耳夫太甲之廢

天下未嘗有是而伊尹始行之天下不以爲驚以臣放君天下不以爲僭既放而復立太甲不以爲專何則其素所不屑者足以取信於天下也彼其視天下恥然不足以動其心而豈忍以廢放其君求利也哉後之君子蹈常而習故惴惴焉懼不免於天下一爲希闊之行則天下羣起而誚之不知求其素而以爲古今之變時有所不可者亦已過矣夫

蘇軾留侯論

古之所謂豪傑之士必有過人之節人情有所不能忍者匹夫見辱拔劒而起挺身而鬬此不足爲勇也天下有大勇者卒然臨之而不驚無故加之而不怒此所挾持者甚大而其志甚遠也夫子房受書於圯上之老人也其事甚怪然亦安知其非秦之世有隱君子者出而試之觀其所以微見其意者皆聖賢相與警戒之義而世不察以爲鬼物亦已過矣且其意不在書當韓之亡秦之方盛

也以刀鋸鼎鑊（音獲）待天下之士其平居無事夷滅者不可勝數雖有賁育無所復施夫持法太急者其鋒不可犯而其勢未可乘子房不忍忿忿之心以匹夫之力而逞於一擊之間當此之時子房之不死者其間不能容髮蓋亦危矣千金之子不死於盜賊何者其身可愛而盜賊之不足以死也子房以蓋世之才不為伊尹太公之謀而特出於荊軻聶政之計以僥倖於不死此圯上老人所為深惜者也是故倨傲鮮腆而深折之彼其能有所忍

也然後可以就大事故曰孺子可教也楚莊王伐鄭鄭伯肉袒牽羊以迎莊王曰其君能下人必能信用其民矣遂舍之勾踐之困於會稽而歸臣妾於吳者三年而不勌且夫有報人之志而不能下人者是匹夫之剛也夫老人者以爲子房才有餘而憂其度量之不足故深折其少年剛銳之氣使之忍小忿而就大謀何則非有平生之素卒然相遇於草野之間而命以僕妾之役由然而不怪者此固秦皇之所不能驚而項籍之所不能怒也觀

夫高祖之所以勝項籍之所以敗者在能忍與不能忍之間而已矣項籍唯不能忍是以百戰百勝而輕用其鋒高祖忍之養其全鋒而待其斃此子房教之也當淮陰破齊而欲自王高祖發怒見於詞色由是觀之猶有剛强不能忍之氣非子房其誰全之太史公疑子房以爲魁梧奇偉而其狀貌乃如婦人女子不稱其志氣嗚呼此其所以爲子房歟

蘇軾賈誼論

非才之難所以自用者實難惜乎賈生王者之佐而不能自用其才也夫君子之所取者遠則必有所待所就者大則必有所忍古之賢人皆負可致之才而卒不能行其萬一者未必皆其時君之罪或者其自取也愚觀賈生之論如其所言雖三代何以遠過得君如漢文猶且以不用死然則是天下無堯舜終不可有所爲耶仲尼聖人歷試於天下苟非大無道之國皆欲勉强扶持庶幾一日得

行其道將之荆先之以冉有申之以子夏君子之欲得其君如此其勤也孟子去齊三宿而後出晝猶曰王其庶幾召我君子之不忍棄其君如此其厚也公孫丑問曰夫子何爲不豫孟子曰方今天下舍我其誰哉而吾何爲不豫君子之愛其身如此其至也夫如此而不用然後知天下果不足與有爲而可以無憾矣若賈生者非漢文之不用生生之不能用漢文也夫絳侯親握天子璽而授之文帝灌嬰連兵數十萬以决劉呂之雌雄此其君

臣相得之分豈特父子骨肉手足哉賈生洛陽之年少欲使其一朝之間盡棄其舊而謀其新亦已難矣爲賈生者上得其君下得其大臣如絳灌之屬優游浸漬而深交之使天子不疑大臣不忌然後舉天下而惟吾之所欲爲不過十年可以得志安有立談之間而遽爲人痛哭哉觀其過湘爲賦以弔屈原縈紆（音紆）鬱悶趯（音剔）然有遠舉之志其後卒以自傷哭泣至於死絶是亦不善處窮者也夫謀之一不見用則安知終不復用也不知默默以

待其變而自殘至此嗚呼賈生志大而量小才有餘而識不足也古之人有高世之才必有遺俗之累是故非聰明睿智不惑之主則不能全其用古今稱苻堅得王猛於草莽之中一朝盡斥去其舊臣而與之謀彼其匹夫略有天下之半其以此哉愚深悲賈生之志故備論之亦使人君得如賈生之臣則知其有狷介之操一不見用則憂傷病沮（音阻）不能復振而爲賈生者亦謹其所發哉

蘇軾　晁錯論

天下之患最不可爲者名爲治平無事而其實有不測之憂坐觀其變而不爲之所則恐至於不可救起而强爲之則天下狃於治平之安而不吾信惟仁人君子豪傑之士爲能出身爲天下犯大難以求成大功此固非强勉期月之間而苟以求名之所能也天下治平無故而發大難之端吾發之吾能收之然後有辭於天下事至而循循焉欲去之使他人任其責則天下之禍必集於我昔者晁

錯盡忠爲漢謀弱山東之諸侯山東諸侯竝起以誅錯爲名而天子不之察以錯爲之說天下悲錯之以忠而受禍不知錯有以取之也古之立大事者不惟有超世之才亦必有堅忍不拔之志昔禹之治水鑿龍門決大河而放之海方其功之未成也盖亦有潰冒衝突可畏之患唯能前知其當然事至不懼而徐爲之圖是以得至於成功夫以七國之强而驟削之其爲變豈足怪哉錯不於此時捐其身爲天下當大難之衝而制吳楚之命乃爲

自全之計欲使天子自將而已居守且夫發七國之難者誰乎已欲求其名安所逃其患以自將之至危與居守之至安已爲難首擇其至安而遺天子以其至危此忠臣義士所以憤怨而不平者也當此之時雖無袁盎錯亦未免於禍何者已欲居守而使人主自將以情而言天子固已難之矣而重違其議是以袁盎之說得行於其間使吳楚反錯以身任其危日夜淬礪東向而待之使不至於累其君則天子將恃之以爲無恐雖有百盎可得

而間哉嗟夫世之君子欲求非常之功則無務爲自全之計使錯自將而討吳楚未必無功惟其欲自固其身而天子不悅奸臣得以乘其隙錯之所以自全者乃其所以自禍歟

蘇軾策略五

臣聞天子者以其一身寄之乎巍巍之上以其一心運之乎茫茫之中安而爲泰山危而爲累卵其間不容毫釐是故古之聖人不恃其有可畏之資而恃其有可愛之實不恃其有不可拔之勢而恃其有不忍叛之心何則其所居者天下之至危也天子恃公卿以有其天下公卿大夫士以至于民轉相屬也以有其富貴苟不得其心而欲羈之以區區之名控之以不足恃之勢者其平居無事猶

有以相制一旦有急是皆行道之人掉音弔臂而去尚安得而用之古之失天下者皆非一日之故其君臣之權去已久矣適會其變是以一散而不可復收方其未也天子甚尊大夫士甚賤奔走萬里無敢後先儼然南面以臨其臣曰天何言哉百官俯首就位斂足而退兢兢惟恐有罪羣臣相率爲苟安之計賢者既無所施其才而愚者亦有所容其不肖舉天下之事聽其自爲而已及乎事出於非常變起於不測視天下莫與同其患雖欲分國

以與人而且不及矣秦二世唐德宗盖用此術以至於顛沛而不悟豈不悲哉天下者器也天子者有此器者也器久不用而置諸篋笥則器與人不相習是以扞格而難操良工者使手習知其器而器亦習知其手手與器相信而不相疑夫是故所爲而成也天下之患非經營禍亂之足憂而養安無事之可畏何者懼其一至于扞格而難操也昔之有天下者日夜淬勵其百官撫摩其人民爲之朝聘會同宴享以交諸侯之歡歲時月朔致民讀

法飲酒蜡音詐獵以逐萬民之情有大事自庶人以上皆得至於外朝以盡其詞猶以爲未也而五載一巡守朝諸侯于方岳之下親見其耆老賢士大夫以周知天下之風俗凡此者非以爲苟勞而已將以馴致服習天下之心使不至于扞格而難操也及至後世壞先王之法安於逸樂而惡聞其過是以養尊而自高務爲深嚴使天下拱手以貌相承而心不服其腐儒老生又出而爲之說曰天子不可以妄有言也史且書之後世且以爲譏使其

君臣相視而不相知如此此則偶人而已矣天下之心既已去而倀音唱倀焉抱其空器不知英雄豪傑已議其後臣嘗觀西漢之初高祖創業之際事變之興亦已繁矣而高祖以項氏創殘之餘與信布之徒爭馳于中原此六七公者皆以絕人之姿據有土地甲兵之衆其勢足以爲亂然天下終以不搖卒定於漢傳十數世矣而至于元成哀平四夷嚮風兵革不試而王莽一竪子乃能舉而移之不用寸兵尺鐵而天下屏息莫敢或爭此其故何也

創業之君出于布衣其大臣將相皆握手之歡凡在朝廷者皆其嘗試擠音躋掇以知其才之短長彼其視天下如一身苟有疾痛其手足不期而自救當此之時雖有近憂而無遠患及其子孫生於深宮之中而狃于富貴之勢尊卑闊絕而上下之情疎禮節繁多而君臣之義薄是故不爲近憂而常爲遠患及其一旦固已不可救矣聖人知其然是以去苛禮而務至誠黜虛名而求實效不愛高位重祿以至山林之士而欲聞切直不隱之言者凡

皆以通上下之情也昔我太祖太宗旣有天下法令簡約不爲崖岸當時大臣將相皆得從容終日歡如平生下至士庶人亦得以自效故天下稱其賢至今非有文采緣飾而開心見誠有以入人之深者此英主之奇術御天下之大權也方今治平之日久矣臣愚以爲宜日新盛德以激昂天下久安怠惰之氣故陳其五事以備採擇其一曰將相之臣天子所恃以爲治者宜日夜召論天下之大計且以熟觀其爲人其二曰太守刺史天子所寄

以遠方之民者其罷歸皆當問其所以爲政民情風俗之所安亦以揣知其才之所堪其三曰左右扈從侍讀侍講之人本以論說古今興衰之大要非以應故事備數而已經籍之外苟有以訪之無傷也其四曰吏民上書苟小有可觀宜皆召問優游以養其敢言之氣其五曰天下之吏自一命以上雖其至賤無以自通於朝廷然人主之爲豈有所不可哉察其善者卒然召見之使不知其所從來如此則遠方之賤吏亦務其激發爲善不以位

卑祿薄無由自通于上而不脩飭使天下背知天子樂善親賢卹民之心孜孜不倦如此翕然皆有所感發知愛於君而不可與爲不善亦將賢人衆多而姦吏衰少刑法之外有以大慰天下之心焉耳

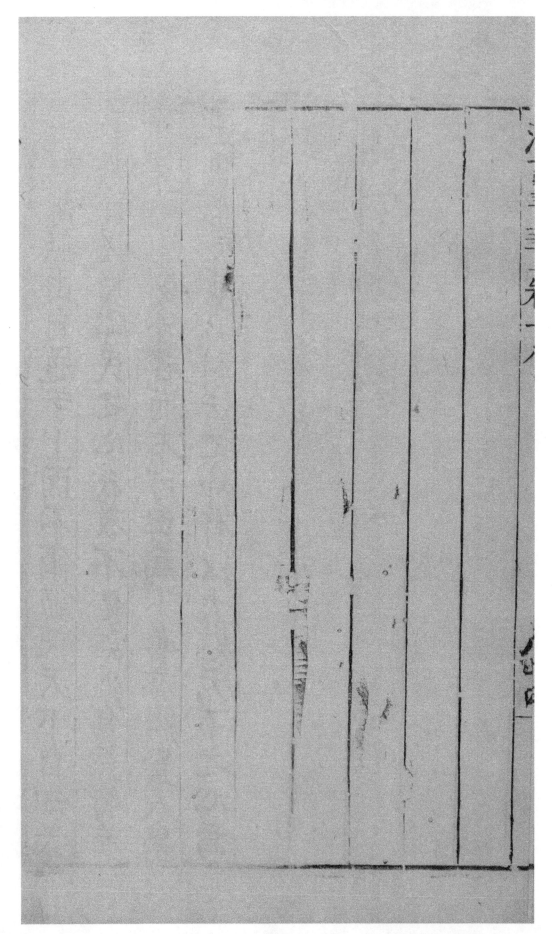

蘇軾潮州韓文公廟碑

匹夫而爲百世師一言而爲天下法是皆有以參天地之化關盛衰之運其生也有自來其逝也有所爲故申呂自嶽降傅說爲列星古今所傳不可誣也孟子曰我善養吾浩然之氣是氣也寓於尋常之中而塞乎天地之間卒然遇之王公失其貴晉楚失其富良平失其智賁育失其勇儀秦失其辯是孰使之然哉其必有不依形而立不恃力而行不待生而存不隨死而亡者矣故在天爲星辰

在地爲河嶽幽則爲鬼神而明則復爲人此理之
常無足怪者自東漢以來道喪文弊異端竝起歷
唐貞觀開元之盛輔以房杜姚宋而不能救獨韓
文公起布衣談笑而麾之天下靡然從公復歸于
正蓋三百年于此矣文起八代之衰道濟天下之
溺忠犯人主之怒而勇奪三軍之帥此豈非參天
地關盛衰浩然而獨存者乎蓋嘗論天人之辯以
謂人無所不至惟天不容僞智可以欺王公不可
以欺豚魚力可以得天下不可以得匹夫匹婦之

心故公之精誠能開衡山之雲而不能回憲宗之惑能馴鱷（音惡）魚之暴而不能弭皇甫鎛（音薄）李逢吉之謗能信於南海之民廟食百世而不能使其身一日安於朝廷之上蓋公之所能者天也其所不能者人也始潮人未知學公命進士趙德爲之師自是潮之士皆篤於文行延及齊民至于今號稱易治信乎孔子之言君子學道則愛人小人學道則易使也潮人之事公也飲食必祭水旱疫疾凡有求必禱焉而廟在刺史公堂之後民以出入

爲艱前太守欲請諸朝作新廟不果元祐五年朝散郎王君滌來守是邦凡所以養士治民者一以公爲師民既悅服則出令曰願新公廟者聽民讙趨之卜地於州城之南七里期年而廟成或曰公去國萬里而謫於潮不能一歲而歸沒而有知其不眷戀于潮也審矣軾曰不然公之神在天下者如水之在地中無所往而不在也而潮人獨信之深思之至焄（音薰）蒿悽愴若或見之譬如鑿井得泉而曰水專在是豈理也哉元豐元年詔封公昌黎

伯故榜曰昌黎伯韓文公之廟潮人請書其事于石因爲作詩以遺之使歌以祀公

其辭曰

公昔騎龍白雲鄉手扶雲漢分天章天孫爲織雲錦裳飄然乘風來帝旁下與濁世埽粃糠西遊咸池略扶桑草木衣被昭回光追逐李杜參翺翔汗流籍湜（音直）走且僵滅没倒景不得望作書詆佛譏君王要觀南海窺衡湘歷舜九嶷弔英皇祝融先驅海若藏約束鮫鱷如驅羊鈞天無人帝悲傷謳

吟下招遣巫陽爆音暴牲雞卜盖我觴於餐荔冊與

焦黄公不少留我滃滂翻然披髮下大荒

蘇軾稼說

盖嘗觀於富人之稼乎其田美而多其食足而有餘其田美而多則可以更休而地力得完其食足而有餘則種之常不後時而斂之常及其熟故富人之稼常美少秕而多實久藏而不腐今吾十口之家而共百畝之田寸寸而取之日夜以望之鋤耰銍(音質)艾相尋於上者如魚鱗而地力竭矣種之常不及時而斂之常不待其熟此豈能復有美稼哉古之人其才非有大過今之人也其平居所以

自養而不敢輕用以待其成閔閔焉如嬰兒之望長也弱者養之以至於剛虛者養之以至於充三十而後仕五十而後爵信於久屈之中而用於既足之後流於既溢之餘而發於持滿之末此古之君子所以大過人而今之君子所以不及也吾少也有志於學不幸而早得與吾子同年吾子之得亦不可謂不早也吾今雖欲自以爲不足而衆且妄推之矣嗚呼吾子其去此而務學也哉慱學而約取厚積而薄發吾告吾子止於此矣子歸過京

師而問焉有曰轍子由者吾弟也其亦以是語之

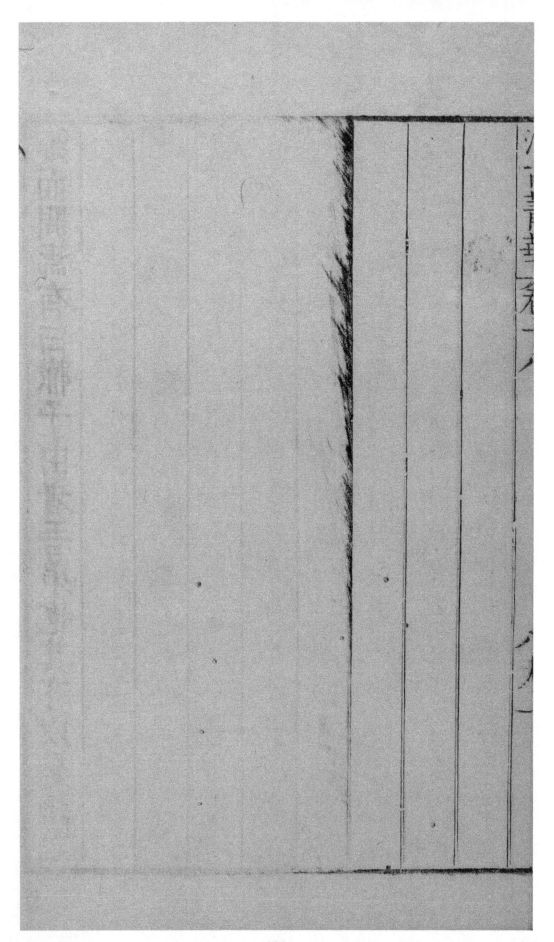

蘇軾喜雨亭記

亭以雨名志喜也古者有喜則以名物示不忘也周公得禾以名其書漢武得鼎以名其年叔孫勝敵以名其子其喜之大小不齊其示不忘一也予至扶風之明年始治官舍爲亭於堂之北而鑿池其南引流種樹以爲休息之所是歲之春雨麥於岐山之陽其占爲有年既而彌月不雨民方以爲憂越三月乙卯乃雨甲子又雨民以爲未足丁卯大雨三日乃止官吏相與慶於庭商賈相與歌於

市農夫相與忭於野憂者以喜病者以愈而吾亭適成於是舉酒於亭上以屬客而告之曰五日不雨可乎曰五日不雨則無麥十日不雨可乎曰十日不雨則無禾無麥無禾歲且薦饑獄訟繁興而盜賊滋熾則吾與二三子雖欲優游以樂於此亭其可得耶今天不遺斯民始旱而賜之以雨使吾與二三子得相與優游而樂於此亭者皆雨之賜也其又可忘耶既以名亭又從而歌之曰使天而雨珠寒者不得以爲襦使天而雨玉饑者不得以

爲粟一兩三日伊誰之力民曰太守太守不有歸
之天子天子曰不然歸之造物造物不自以爲功
歸之太空太空冥冥不可得而名吾以名吾亭

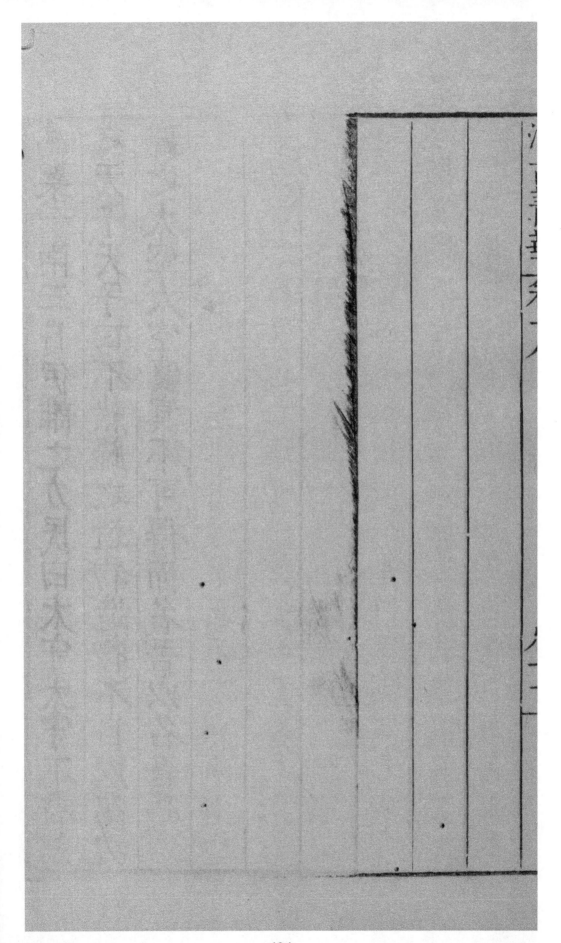

蘇軾前赤壁賦

壬戌之秋七月既望蘇子與客泛舟遊於赤壁之下清風徐來水波不興舉酒屬客誦明月之詩歌窈窕之章少焉月出於東山之上徘徊於斗牛之間白露橫江水光接天縱一葦之所如凌萬頃之茫然浩浩乎如馮虛御風而不知其所止飄飄乎如遺世獨立羽化而登仙於是飲酒樂甚扣舷(音弦)而歌之歌曰桂櫂兮蘭槳擊空明兮泝(音素)流光渺渺兮予懷望美人兮天一方客有吹洞簫者倚歌

而和之其聲嗚嗚然如怨如慕如泣如訴餘音嫋嫋不絶如縷舞幽壑之潛蛟泣孤舟之嫠（音釐）婦蘇子愀然正襟危坐而問客曰何爲其然也客曰月明星稀烏鵲南飛此非曹孟德之詩乎西望夏口東望武昌山川相繆鬱乎蒼蒼此非孟德之困於周郎者乎方其破荆州下江陵順流而東也舳（音竹）艫（音盧）千里旌旗蔽空釃（音尸）酒臨江橫槊（音戳）賦詩固一世之雄也而今安在哉況吾與子漁樵於江渚之上侶魚蝦而友麋鹿駕一葉之扁舟舉匏尊以

相屬寄蜉蝣於天地渺滄海之一粟哀吾生之須臾羨長江之無窮挾飛仙以遨遊抱明月而長終知不可乎驟得託遺響於悲風蘇子曰客亦知夫水與月乎逝者如斯而未嘗往也盈虛者如彼而卒莫消長也蓋將自其變者而觀之則天地曾不能以一瞬自其不變者而觀之則物與我皆無盡也而又何羨乎且夫天地之間物各有主苟非吾之所有雖一毫而莫取惟江上之淸風與山間之明月耳得之而爲聲目遇之而成色取之無禁用

之不竭是造物者之無盡藏也而吾與子之所共適客喜而笑洗盞更酌肴核既盡杯盤狼籍相與枕藉乎舟中不知東方之既白

蘇軾後赤壁賦

是歲十月之望步自雪堂將歸於臨臯二客從予過黄泥之坂霜露既降木葉盡脫人影在地仰見明月顧而樂之行歌相答已而嘆曰有客無酒有酒無肴月白風清如此良夜何客曰今者薄暮舉網得魚巨口細鱗狀如松江之鱸顧安所得酒乎歸而謀諸婦婦曰我有斗酒藏之久矣以待子不時之需於是携酒與魚復遊於赤壁之下江流有聲斷岸千尺山高月小水落石出曾日月之幾何

而江山不可復識矣予乃攝衣而上履巉（音讒）巖披蒙茸踞虎豹登虯（音求）龍攀栖鶻（音骨）之危巢俯馮夷之幽宮蓋二客不能從焉劃（音惑）然長嘯草木震動山鳴谷應風起水湧予亦悄然而悲肅然而恐凜乎其不可留也反而登舟放乎中流聽其所止而休焉時夜將半四顧寂寥適有孤鶴橫江東來翅如車輪玄裳縞衣戛然長鳴掠予舟而西也須臾客去予亦就睡夢一道士羽衣翩躚過林皋之下揖予而言曰赤壁之遊樂乎問其姓名俛而不答

嗚呼噫嘻我知之矣疇昔之夜飛鳴而過我者非
子也耶道士顧笑予亦驚悟開户視之不見其處

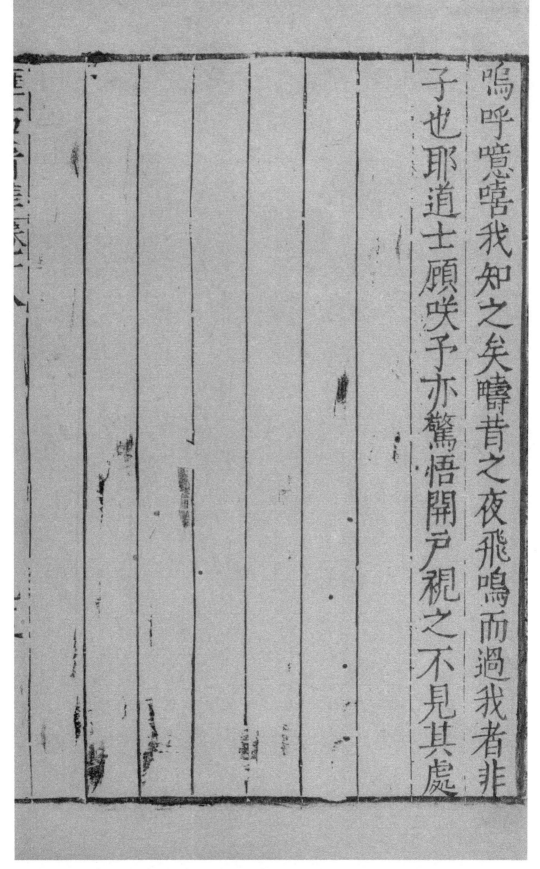

滙古菁華

十六

滙古菁華卷十九

宋文下

蘇轍上韓太尉書

太尉執事轍生好爲文思之至深以爲文者氣之所形然文不可以學而能氣可以養而致孟子曰我善養吾浩然之氣今觀其文章寬厚宏博充乎天地之間稱其氣之小大太史公行天下周覽四海名山大川與燕趙間豪俊交遊故其文踈蕩頗有奇氣此二子者豈嘗執筆學爲如此之文哉其

氣充乎其中而溢乎其貌動乎其言而見乎其文而不自知也轍生十有九年矣其居家所以與游者不過其鄰里鄉黨之人所見者不過數百里之間無高山大野可登覽以自廣百氏之書雖無所不讀然皆古人之陳迹不足以激發其志氣恐遂汨没故決然捨去求天下奇聞壯觀以知天地之廣大過秦漢之故都恣觀終南嵩華之高北顧黃河之奔流慨然想見古之豪傑至京師仰觀天子宮闕之壯與倉廩府庫城池苑囿之富且大也而

後知天下之巨麗見翰林歐陽公聽其議論之宏辯觀其容貌之秀偉與其門人賢士大夫遊而後知天下之文章聚乎此也太尉以才畧冠天下天下之所恃以無憂四夷之所憚以不敢發入則周公召公出則方叔召虎而轍也未之見焉且夫人之學也不志其大雖多而何爲轍之來也於山見終南嵩華之高於水見黃河之大且深於人見歐陽公而猶以爲未見太尉也故願得觀賢人之光耀聞一言以自壯然後可以盡天下之大觀而無

憾者矣轍年少未能通習吏事嚮之來非有取於斗升之禄偶然得之非其所樂然幸得賜歸待選使得優游數年之間將歸益治其文且學爲政太尉苟以爲可教而辱教之又幸矣

蘇轍北狄

北狄之民其性譬如禽獸便於射獵而習於馳騁生於斥鹵之地長於霜雪之野飲水食肉風雨饑渴之所不能困上下山坂筋力百倍輕死而樂戰故常以勇勝中國至於其所以擁護親戚休養生息畜牛馬長子孫安居佚樂而欲保其首領者蓋無以異於華人也而中國之士常憚其勇畏避而不敢犯氈裘之人亦以此恐喝中國而奪之利此當今之所謂大患也昔者漢武之世匈奴絕和親

攻當路塞天下震恐其後二十年之間漢兵深入不憚死亡捐命絶幕之北以決勝負而匈奴孕重墮壞人畜疲弊不敢言戰何者勇士壯馬非中國之所無有而窮追遠逐雖匈奴之衆亦終有所不安也故夫敵國之盛非鄰國之所深憂也要在休兵養士而集其勇氣使之不攝而已方今天下之勢中國之民優游緩帶不識兵革之勞驕奢怠惰勇氣消耗而戎狄之賂又有百萬爲計轉輸天下甘言厚禮以滿其不足之意使天下之士耳熟所

聞目習所見以爲生民之命寄於其手故俯首柔服莫敢抗拒凡中國勇健豪壯之氣索然無復存者矣夫戰勝之民勇氣百倍敗兵之卒沒世不復盖所以戰者氣也所以不戰者氣之畜也戰而後守者氣之餘也古之不戰者養其氣而不傷今之士不戰而氣已盡矣此天下之所大憂也昔者六國之際秦人出兵於山東小戰則殺將大戰則割地兵之所至天下震慄然諸侯猶帥其罷散之兵合從以擊秦砥礪戰士激發其氣長平之敗趙卒

死者四十萬人廉頗收合餘燼北摧栗腹西抗秦兵振刷磨淬不自屈服故其民觀其上之所爲曰進而不挫皆自奮怒以爭死敵其後秦人圍邯鄲梁王使將軍新垣衍如趙欲遂帝秦而魯仲連慷慨發憤深以爲不可蓋天下之士所爲奮不顧身以抗彊虎狼之秦者爲非其君也而使諸侯從而帝之天下尚誰能出身以事非其君哉故魯仲連非徒惜夫帝秦之虛名而惜夫天下之勢有所不可也今尊奉夷狄無知之人交歡納幣以爲兄弟

之國奉之如驕子不敢一觸其意此適足以壞天下義士之氣而長夷狄豪横之勢耳愚以爲養兵而自重卓然特立不聽夷狄之妄求以爲民望而全吾中國之氣如此數十年之間天下摧折之志復壯而北狄之勇非吾之所當畏也

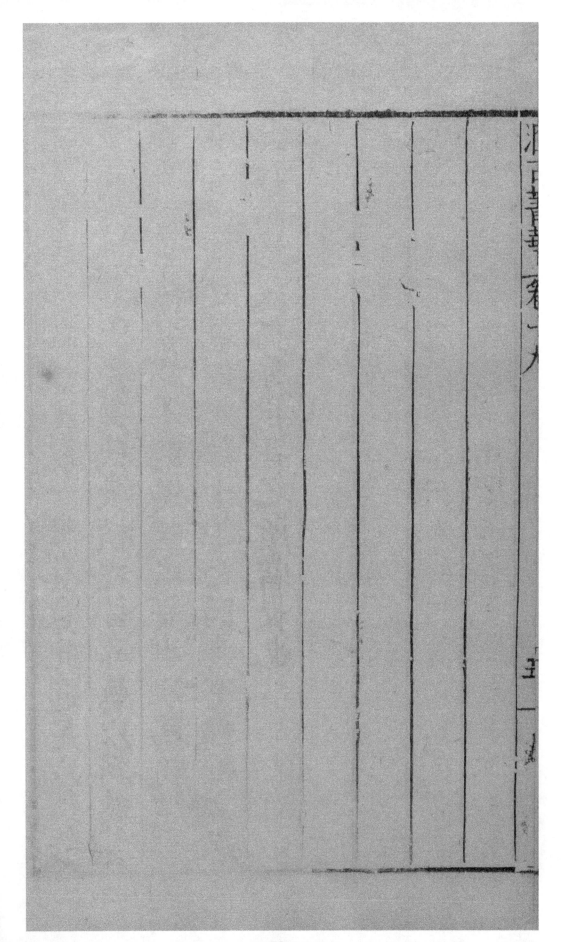

曾鞏唐論

成康沒而民生不見先王之治日入於亂以至於秦盡除前聖數千載之法天下既攻秦而亡之以歸於漢漢之爲漢更二十四君東西再有天下垂四百年然大抵多用秦法其改更秦事亦多附己意非傚先王之法而有天下之志也有天下之志者文帝而已然而天下之材不足故仁聞雖美矣而當世之法度亦不能傚於三代漢之亡而强者遂分天下之地晉與隋雖能合天下於一然而合

之未久而已亡其爲不足議也代隋者唐更十八君垂三百年而其治莫盛於太宗之爲君也詘已從諫仁心愛人可謂有天下之志以租庸任民以府衛任兵以職事任官以材能任職以興義任俗以尊本任衆賦役有定制兵農有定業官無虛名職無廢事人習於善行離於末作使之操於上者要而不煩取於下者寡而易供民有農之實而兵之備存有兵之名而農之利在事之分有歸而祿之出不浮材之品不遺而治之體相承其廉恥日

以篤其田野曰以闢以其法脩則安且治廢則危
且亂可謂有天下之材行之數歲粟米之賤斗至
數錢居者有餘蓄行者有餘資人人自厚幾致刑
措可謂有治天下之効夫有天下之志有天下之
材而又有治天下之効然而不得與先王並者法
度之行擬之先王未備也禮樂之具田疇之制庠
序之教擬之先王未備也躬親行陣之間戰必勝
攻必克天下莫不以爲武而非先王之所尚也四
夷萬里古所未及以政者莫不服從天下莫不以

爲盛而非先王之所務也太宗之爲政於天下者
得失如此由唐虞之治五百餘年而有湯之治由
湯之治五百餘年而有文武之治由文武之治千
有餘年而始有太宗之爲君有天下之志有天下
之材而又有治天下之効然而又以其未備也不
得與先王並而稱極治之時是則人生於文武之
前者率五百餘年而一遇治世生於文武之後者
千有餘年而未遇極治之時也非獨民之生於是
時者之不幸也士之生於文武之前者如舜禹之

於唐八元八凱之於舜伊尹之於湯太公之於文武率五百餘年而一遇生於文武之後千有餘年雖孔子之聖孟軻之賢而不遇雖太宗之爲君而未可以必得志於其時也是亦士民之生於是時者之不幸也故述其是非得失之迹非獨爲人君者可以考焉士之有志於道而欲仕於上者可以鑒矣

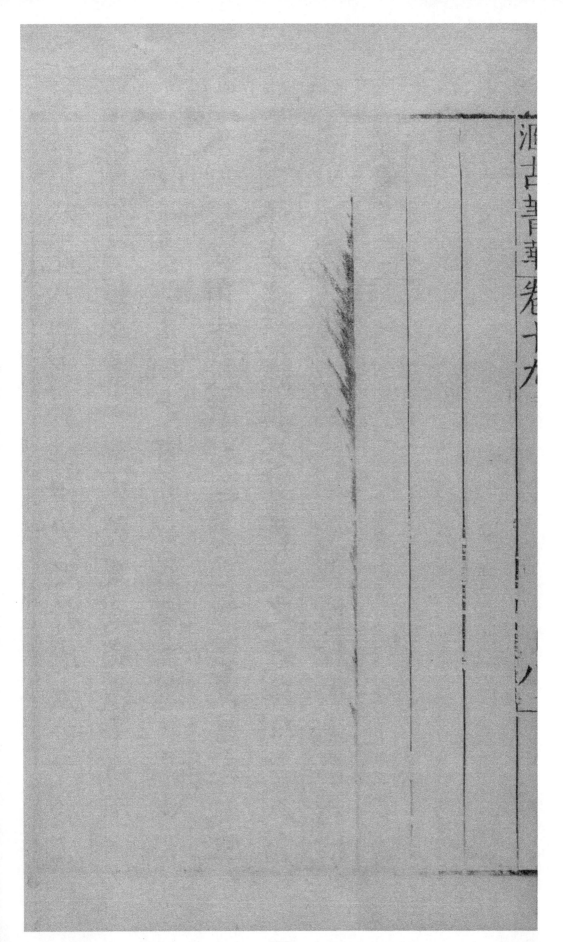

曾鞏戰國策目録序

劉向所定戰國策三十三篇崇文總目稱第十一篇者闕臣訪之士大夫家始盡得其書正其誤謬而疑其不可考者然後戰國策三十三篇復完敘曰向敘此書言周之先明教化脩法度所以大治及其後謀詐用而仁義之路塞所以大亂其說既美矣卒以謂此書戰國之謀士度時君之所能行不得不然則可謂惑於流俗而不篤於自信者也夫孔孟之時去周之初已數百歲其舊法已亡舊

俗已熄久矣二子乃獨明先王之道以謂不可改者豈將强天下之主以後世之所不可爲哉亦將因其所遇之時所遭之變而爲當世之法使不失乎先王之意而已二帝三王之治其變固殊其法固異而其爲國家天下之意本末先後未嘗不同也二子之道如是而已蓋法者所以適變也不必盡同道者所以立本也不可不一此理之不易者也故二子者守此豈好爲異論哉能勿苟而已矣可謂不惑乎流俗而篤於自信者也戰國之游士

則不然不知道之可信而樂於說之易合其設心注意偷爲一切之計而已故論詐之便而諱其敗言戰之善而蔽其患其相率而爲之者莫不有利焉而不勝其害也有得焉而不勝其失也卒至蘇秦商鞅孫臏吴起李斯之徒以亡其身而諸侯及秦用之者亦滅其國其爲世之大禍明矣而俗猶莫之寤也惟先王之道因時適變爲法不同而考之無疵用之無弊故古之聖賢未有以此而易彼也或曰邪說之害正也宜放而絕之則此書之不

泯滅其可乎對曰君子之禁邪説也固將明其説於天下使當世之人皆知其説之不可從然後以禁則齊使後世之人皆知其説之不可爲然後以戒則明豈必滅其籍哉放而絶之莫善於是是以孟子之書有爲神農之言者有爲墨子之言者皆著而非之至於此書之作則上繼春秋下至楚漢之起二百四十五年之間載其行事固不得而廢也

王安石書洪範傳後

王某曰古之學者雖問以口而其傳以心雖聽以耳而其受以意故爲師者不煩而學者有得也孔子曰不憤不啓不悱不發舉一隅不以三隅反則不復也夫孔子豈敢愛其道驁天下之學者而不使其蚤有知乎以謂其問之不切則其聽之不專其思之不深則其取之不固不專不固而可以入者口耳而已矣吾所以教者非特善其口耳也孔子沒道日以衰熄浸淫至於漢而傳注之家作爲

師則有講而無應爲弟子則有讀而無問非不欲問也以經之意爲盡於此矣吾可無問而得也豈特無問又將無思非不欲思也以經之意爲盡於此矣吾可以無思而得也夫如此使其傳注者皆已善矣固足以善學者之口耳而不足以善其心況其有不善乎宜其歷年以千數而聖人之經卒於不明而學者莫能資其言以施於世也予悲夫洪範者武王之所以虛心而問與箕子之所以悉意而言爲傳注者汨之以至於今冥冥也於是爲

作傳以通其意嗚呼學者不知古之所以教而蔽於傳注之學也久矣當其時欲其思之深問之切而後復焉則吾將孰待而言邪孔子曰予欲無言然未嘗無言也其言也蓋有不得已焉孟子則天下固以爲好辨蓋邪說暴行作而孔子之道幾於熄焉孟子者不如是不足與有明也故孟子曰予豈好辨哉予不得已也夫子豈樂反古之所以教而重爲此譊譊（音囂）哉其亦不得已焉者矣

王安石老子論

道有本有末本者萬物之所以生也末者萬物之所以成也本者出之自然故不假乎人之力而萬物以生也末者涉乎形器故待人力而後萬物以成也夫其不假人之力而萬物以生則是聖人可以無言也無爲也至乎有待於人力而萬物以成則是聖人之所以不能無言也無爲也故昔聖人之在上而以萬物爲已任者必制四術焉四術者禮樂刑政是也所以成萬物者也故聖人唯務脩

其成萬物者不言其生萬物者盖生者尸之於自然非人力之所得與矣老子者獨不然以爲涉乎形器者皆不足言也不足爲也故抵去禮樂刑政而唯道之稱焉是不察於理而務高之過矣夫道之自然者人何預乎唯其涉乎形器是以必待於人之言也人之爲也其書曰三十輻共一轂當其無有車之用夫轂輻之用固在於車之無用然工之琢削未嘗及於無者盖無出於自然人力可以無與也今之治車者知治其轂輻而未嘗及於無

也然而車以成者蓋轂輻具則無必爲用矣如其知無爲用而不治轂輻則爲車之術固已疎矣今知無之爲車用無之爲天下用然不知所以爲用也故無之所以爲車用者以有轂輻也無之所以爲天下用者以有禮樂刑政也如其廢轂輻於車廢禮樂刑政於天下而坐求其無之爲用也則亦近于愚矣

胡銓上高宗封事

謹按王倫本一狎邪小人市井無賴頃緣宰相無識遂舉以使虜惟務詐誕欺罔天聽驟得美官天下之人切齒唾駡今者無故誘致虜使以詔諭江南爲名是欲臣妾我也是欲劉豫我也劉豫臣事醜虜南面稱王自以爲子孫帝王萬世不拔之業一旦豺狼改慮捽音淬而縛之父子爲虜商鑒不遠而倫又欲陛下效之夫天下者祖宗之天下也陛下所居之位祖宗之位也奈何以祖宗之天下爲

犬戎之天下以祖宗之位爲犬戎藩臣之位陛下一屈膝則祖宗廟社之靈盡汙夷狄祖宗數百年之赤子盡爲左衽朝廷宰執盡爲陪臣天下士大夫皆當裂冠毀冕變爲胡服異時豺狼無厭之求安知不加我無禮如劉豫也哉夫三尺童子至無知也指犬豕而使之拜則怫然怒今醜虜則犬豕也堂堂天朝相率而拜犬豕曾童孺之所羞而陛下忍爲之耶倫之議乃曰我一屈膝則梓宮可還太后可復淵聖可歸中原可得嗚呼自變故以來

主和議者誰不以此啗音叨陛下哉而卒無一驗是虜之情僞已可知矣陛下尚不覺悟竭民膏血而不恤亡國大讐而不報含垢忍耻舉天下而臣之甘心焉就令虜決可和盡如倫議天下後世謂陛下何如主況醜虜變詐百出而倫又以奸邪濟之梓宮決不可還太后決不可復淵聖決不可歸中原決不可得而此膝一屈不可復伸國勢陵夷不可復振可爲痛哭流涕長太息也向者陛下間關海道危如累卵當時尚不肯北面臣虜況今國勢

稍張諸將盛銳士卒思奮只如頃者醜虜陸梁僞豫入寇固嘗敗之於襄陽敗之於淮上敗之於渦音戈口敗之於淮陰較之前日蹈海之危已萬萬矣儻不得已而遂至於用兵則我豈遽出虜人下哉今無故而反臣之欲屈萬乘之尊下穹廬之拜三軍之士不戰而氣亦索此魯仲連所以義不帝秦非惜夫帝秦之虛名惜夫天下大勢有所不可也今內而百官外而軍民萬口一談皆欲食倫之肉謗議洶洶陛下不聞正恐一旦變作禍且不測臣

切謂不斬王倫國之存亡未可知也雖然倫不足道也秦檜以心腹大臣而亦爲之陛下有堯舜之資檜不能致陛下如唐虞而欲導陛下如石晉近者禮部侍郎曾開等引古誼以折之檜乃厲聲曰侍郎知故事我獨不知則檜之遂非很愎已自可見而乃建白令臺諫從臣僉議可否是乃畏天下議已而令臺諫從臣共分謗耳有識之士皆以爲朝廷無人吁可惜哉孔子曰微管仲吾其被髮左衽矣夫管仲霸者之佐耳尚能變左衽之區爲衣

冠之會秦檜大國之相也反驅衣冠之俗歸左衽之鄉則檜也不唯陛下之罪人實管仲之罪人矣孫近附會檜議遂得參知政事天下望治有如饑渴而近伴食中書漫不可否事檜曰虜可講和近亦曰可和檜曰天子當拜近亦曰當拜臣嘗至政事堂三發問而近不答但曰已令臺諫侍從議矣嗚呼參贊大政徒取充位如此有如虜騎長驅尚能折衝禦侮耶臣竊謂秦檜孫近亦可斬也臣備員樞屬義不與檜等共戴天區區之心願斬三人

頭竿之槀街然後羈留虜使責以無禮徐興問罪之師則三軍之士不戰而氣自倍不然臣有赴東海而死耳寧能處小朝廷求活耶

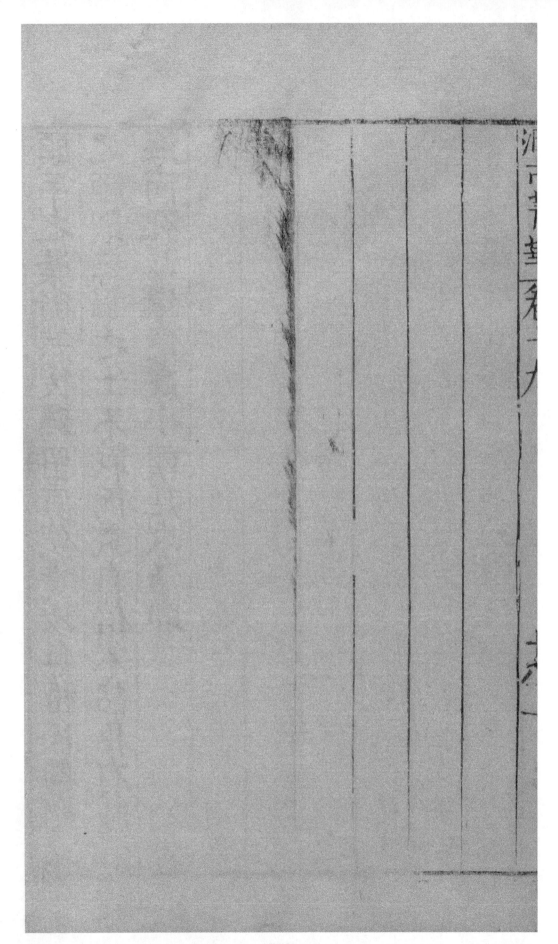

周敦頤太極圖論

周子曰無極而太極太極動而生陽動極而靜靜而生陰靜極復動一動一靜互爲其根分陰分陽兩儀立焉陽變陰合而生水火木金土五氣順布四時行焉五行一陰陽也陰陽一太極也太極本無極也五行之生也各一其性無極之眞二五之精妙合而凝乾道成男坤道成女二氣交感化生萬物萬物生生而變化無窮焉惟人也得其秀而最靈形既生矣神發知矣五性感動而善惡分萬

事出矣聖人定之以中正仁義而主靜立人極焉故聖人與天地合其德日月合其明四時合其序鬼神合其吉凶君子脩之吉小人悖之凶故曰立天之道曰陰與陽立地之道曰柔與剛立人之道曰仁與義又曰原始反終故知生死之說大哉易也斯其至矣

張載西銘

乾稱父坤稱母予兹藐焉乃混然中處故天地之塞吾其體天地之帥吾其性民吾同胞物吾與也大君者吾父母宗子其大臣宗子之家相也尊高年所以長其長慈孤弱所以幼其幼聖其合德賢其秀也凡天下疲癃(音隆)殘疾惸(音窮)獨鰥寡皆吾兄弟之顛連無告者也于時保之子之翼也樂且不憂純乎孝者也違曰悖德害仁曰賊濟惡者不才其踐形惟肖者也知化則善述其事窮神則善繼

其志不媿屋漏爲無忝存心養性爲匪懈惡旨酒
崇伯子之顧養育英才頴封人之錫類不弛勞而
底豫舜其功也無所逃而待烹申生其恭也體其
受而歸全者參乎勇於從而順令者伯奇也富貴
福澤將厚吾之生也貧賤憂戚庸玉女於成也存
吾順事沒吾寧也

程顥定性書

橫渠先生問於明道先生曰定性未能不動猶累於外物何如明道曰所謂定者動亦定靜亦定無將迎無内外苟以外物爲外牽巳而從之是以巳性爲有内外也且以性爲隨物於外則當其在外時何者爲在内是有意於絕外誘而不知性之無内外也旣以内外爲二本則又烏可遽語定哉夫天地之常以其心普萬物而無心聖人之常以其情順萬事而無情故君子之所學莫若擴然而太

公物來而順應易曰貞吉悔亡憧憧往來朋從爾思苟規規於外誘之除將見滅於東而生於西也非惟日之不足顧其端無窮不可得而除也人之情各有所蔽故不能適道大率患在於自私而用智自私則不能以有爲爲應迹用智則不能以明覺爲自然今以惡外物之心而求照無物之地是反鑑而索照也易曰艮其背不獲其身行其庭不見其人孟氏亦曰所惡於智者爲其鑿也與其非外而是內不若內外之兩忘也兩忘則澄然無事

矣無事則定定則明明則尚何應物之爲累哉聖人之喜以物之當喜聖人之怒以物之當怒是聖人之喜怒不繫於心而繫於物也是則聖人豈不應於物哉烏得以從外者爲非更求在內者爲是乎今以自私用智之喜怒而視聖人喜怒之正爲何如也夫人之情易發而難制者唯怒爲甚第能於怒時遽忘其怒而觀理之是非亦可見外誘之不足惡而於道亦思過半矣

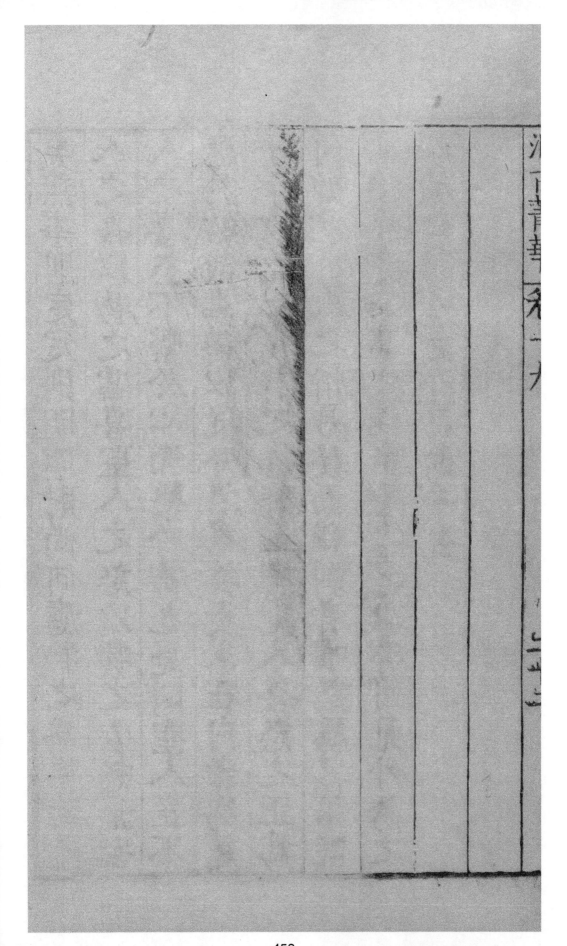

朱熹觀心說

或問佛者有觀心之說然乎曰心者人之所以主乎身者也一而不二者也爲主而不爲客者也命物而不命於物者也故以心觀物則物之理得今復有物以反觀乎心則是此心之外復有一心而能管乎此心也然則所謂心者爲一耶爲二耶爲主耶爲客耶爲命物者耶爲命於物者耶此亦不待校而審其言之繆矣或者曰若子之言則聖賢所謂精一所謂操存所謂盡心知性存心養性所

謂見其參於前倚於衡者皆何謂哉應之曰此言之相似而不同正苗莠朱紫之間而學者之所當辨者也夫謂人心之危者人欲之萌也道心之微者天理之與也心則一也以正不正而異其名耳惟精惟一則居其正審其差者也絀其異而反其同者也能如是則信執其中而無過不及之偏矣非以道爲一心人爲一心而又有一心以精一之也夫謂操而存者非以彼操此而存之也舍而亡者非以彼舍此而亡之也心而自操則亡者存舍

而不操則存者亡耳然其操之也亦曰不使旦晝之所爲得以梏亡其仁義之良心云爾非塊然兀坐以守其炯然不用之知覺而謂之操存也若盡心之云者則格物窮理廓然貫通而有以極夫心之所具之理也存心云者則敬以直内義以方外若前所謂精一操存之道也故盡其心而可以知性知天以其體之不蔽而有以究夫理之自然也存心而可以養性事天以其體之不失而有以順夫理之自然也是豈以心盡心以心存心如兩物

之相持而不相舍哉若參前倚衡之云者則爲忠信篤敬而發也蓋曰忠信篤敬不忘乎心則無所適而不見其在是云爾亦非有以見夫心之謂也且身在此而心參於前身在輿而心倚於衡是果何理也耶大抵聖人之學本心以窮理而順理以應物如身使臂如臂使指其道夷而通其居廣而安其理實而行自然釋氏之學以心求心以心使心如口齕口如目視目其機危而迫其塗險而塞其理虛而其勢逆蓋其言雖有若相似者而其實

之不同蓋如此也然非夫審思明辯之君子其亦
孰能無惑於斯耶

呂祖謙文帝論

治天下者不盡人之財不盡人之力不盡人之情是三者可盡也而不可繼也彼治天下者不止為一朝一夕之計固將為子孫萬世之計也為萬世之計而於財於力於情皆使之不可繼則今日盡之將如來日何今歲盡之將如來歲何今世盡之將如來世何是以聖人非不知間架之稅足以盡權天下之利而每使之有餘財非不知閭左之戍足以盡括天下之役而每使之有餘力非不知鈞

距之術足以盡適天下之詐而每使之有餘情其
去彼取此者終不以一時之快而易千萬世之害
也古之人有行之者漢文是也露臺惜百金之費
後宮衣不曳地可謂不敢輕靡天下之財匈奴三
入而三拒之未嘗敢窮兵入塞可謂不敢輕用天
下之力吳王不朝賜以几杖張武受賂賜之金錢
可謂不敢輕索天下之情當是時流澤渟厚極熾
而昌使心一向於靡民財則固可以建神明通天
之臺固可以備千乘萬騎之駕固可以泛沙棠木

蘭之舟固可以設魚龍曼衍之戲而文帝不爲使心一向於用民力則豈無絳灌之將豈無表餌之策豈無南北之軍豈無銅虎之符而文帝亦不爲使心一向於索民情則命晁錯以任術數命郅都以按刑獄命朱建以治縱橫命周湯以窮暴酷而文帝又不爲文帝可爲而能不爲以其所餘貽厥子孫凡四百年之漢用之不窮者皆文帝之所留也及至武帝志大而心勞功多而智廣材智勇敢之臣與時俱奮桑弘羊之徒算舟車告緡錢以罔

天下之財其心以文帝之所不敢取者自我始取之也衛青之徒絶大漠開朔方以竭天下之力其心以文帝之所以不能舉自我始舉之也張湯之徒窮根柢究黨與以探天下之情其心以文帝之所不能察自我始察之也取文帝之所不能取舉文帝之所不舉察文帝之所不能察則弘羊張湯衛青之屬果勝文帝耶盖文帝爲天下計而弘羊衛青張湯之屬爲一身之計故不同也惟其爲一身之計故興利之臣則曰空乏者漢之民也非吾

民也罔漢民之財則可以釣吾之爵位何愛焉至於財盡而散則他日司會之責耳武力之臣則曰疲敝者漢之民也非吾民也竭漢民之力則可以釣吾之爵位何愛焉至於力竭而亂則他日將帥之責耳典獄之臣亦曰煅煉者漢之民也非吾民也探漢民之情則可以釣吾之爵位何愛焉至於情盡而變則他日執政之責耳利在於己害在於君利在於近害在於遠此所以安爲而不顧也嗚呼桑弘羊衛青張湯之屬方欲謀身固不暇爲漢

慮矣而武帝獨何爲棄六世之業以快二三臣之欲耶君子以是益知文帝之不可及也雖然舉事求可繼非惟人君爲然也至於人臣謀身者亦如之白起爲秦將長平之事坑趙卒四十萬是不可繼之師也可一不可再也起惟顧身而不顧國故竭智力於一舉以僥倖不次之賞豈料其再篤於趙哉及秦復命之伐趙卒不行而死非惡行而樂死也雖欲行而法不容再行也使起預知已之復用師也則必撫納新附安定新集不爲長往不來

之計矣故求爲可繼者非特爲國亦爲身也求爲不可繼者非特不爲國亦不爲身也吾又論之以爲小人之戒

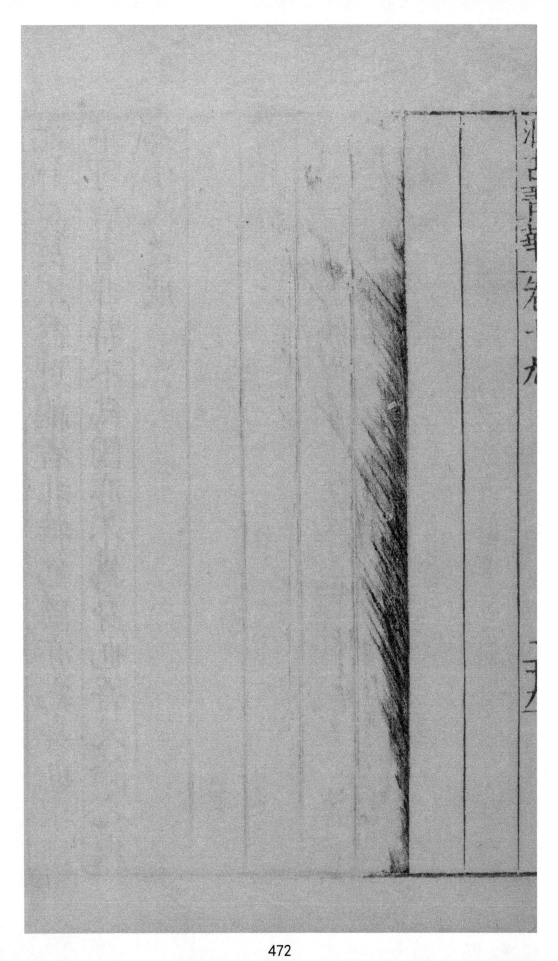

呂祖謙韓延壽論

風俗之變初無常也道隆則從而隆道汙則從而汙曷嘗有古今之異哉昔之陋儒以爲風俗自厚而之薄猶人自少而之老古之俗厚猶人之方少者也今之俗薄猶人之已老者也薄者不可復厚亦如老者之不可復少嗚呼何其不思甚耶將以三皇之俗爲厚乎則黃帝之末胡爲有蚩尤之亂將以五帝之俗爲厚乎則帝舜之世胡爲有三苗之亂將以三王之俗爲厚乎則夏商之季胡爲有

桀紂之亂蚩尤之亂無以異於項羽之亂也亂既除而俗有厚薄之異者非漢民之不如古特高帝不如黃帝耳三苗之亂無以異於七國之亂也亂既除而俗有厚薄之異者非漢民之不如古特景帝不如大舜耳桀紂之亂無以異於煬帝之亂也亂既除而俗有厚薄之異者非隋民之不如古特太宗不如湯武耳自古及今同戴一天同履一地同賦一性日月不變也耳目鼻口亦不變也風俗何爲而獨不如古哉善乎魏鄭公之言曰五帝三

王不易民而教行帝道而帝行王道而王顧所行
如何耳若人漸澆詭不復返朴今當爲鬼爲魅尚
安得而化哉盖嘗觀韓延壽之治頴川而益信風
俗之未嘗不如古馬漢承戰國孤秦之弊禮樂廢
弛異端竝奮世以古先聖人化民之道爲姍笑賢
如高帝乃曰以馬上得之安事詩書賢如文帝乃
曰卑之無甚高論賢如宣帝乃曰漢家自有制度
本以霸王道雜之君臣上下同趍於刑名法律簿
書期會之間無復遠畧惟延壽承頴川趙廣漢告

訏之俗獨能取世世所姍笑爲陳腐迂濶者次第而行之百姓遵用其教至於賣僞物者棄之市道其在東都馮翊如頼川之治洋洋乎弦誦之聲肅肅乎俎豆之容庶幾乎治古矣彼謂風俗不可復古者果如何哉大抵後世之患出於待古太高而待已太卑惟待古高故自疑而不敢爲待已卑故自棄而不復爲殊不知三代雖遠其理常存苟能盡其理則夫何遠之有哉故萬石君處家而子孫燕居申申此一家之三代也王烈居鄉而訟者望廬

而還此一鄉之三代也魯恭治中牟而童子不取乳雉此一邑之三代也延壽之治潁川庸非一郡之三代乎以是而論之則風俗古不必厚今不必薄古不必易今不必難惟其人而已安可是古而非今哉

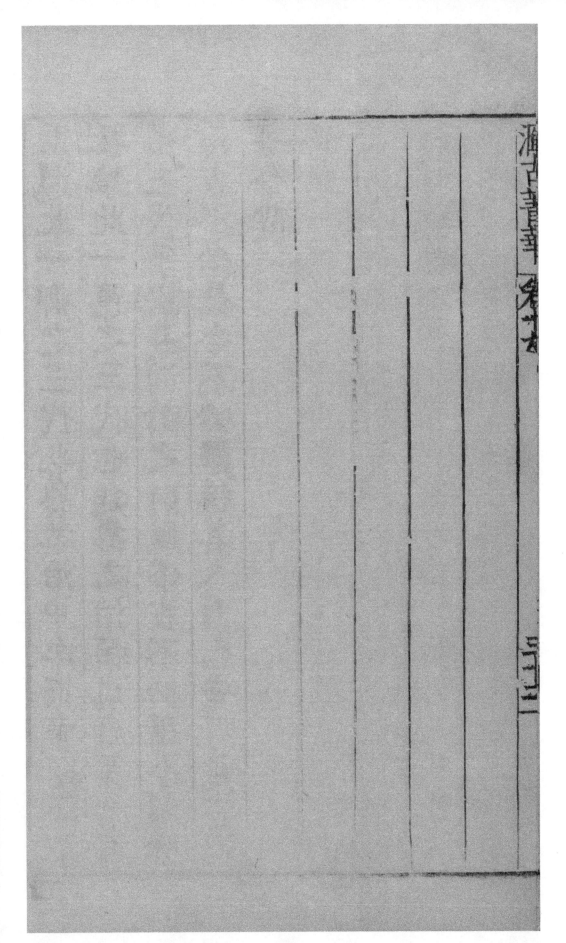

呂祖謙責實論

善除弊者不去弊，善治疾者不去疾，善抑虛名者不去虛名。盖天下之事，將欲奪之，必先與之；將欲拘之，必先縱之。苟驟禁而遽絶，未有不反受其害者也。故不忍弊之多，欲一朝而去焉，外雖若去，而弊源實藏於冥冥之中矣；不忍疾之苦，欲一朝而去焉，外雖若去，而病源實藏於冥冥之中矣。彼善除弊者，初未嘗驟去其弊也，徐以待之，默以觀之，使奸態僞迹蠭起於前，然後從而鋤其窟穴，則弊不得而遁矣善治疾者亦未能驟去其疾也寬以養之緩以療之使宿疹積毒發見於外然後從而鉏其標本則疾不得而留矣抑虛名之道亦猶是也世之尚虛名久矣其根甚固其流甚長其風甚熾苟疾虛名之亂真播爲號令制爲賞罰欲一掃而去之豈不足以稱快於目前哉然異時邀名之士皆將矯爲務實以投吾之所好今日之朴野即前日之浮華也今日之木訥即前日之辯捷也今日之恬退即前日之奔競也服勤簿書者乃不觧

訢諜之人恪居官次者乃不辨馬曹之士巧詐百出而渾厚質實之君子併爲當世所疑賢否一區眞僞一塗愚智一揆憒憒然莫之能分非特名不可見而實亦不可見矣始欲去名而終至於失實是豈爲治者之意哉亦取之太迫致之無術而已大抵致剛必以柔致寬必以猛致實必以名欲爲之於此必形之於彼欲爲此而先以此示天下亦迫而無術矣是故明君之治天下也將責之以實先取之以名鬧之以其塗示之以其利天下之名

爭至於吾前以文學之名至者吾從而察之則董仲舒之實公孫弘之僞皆見矣以政事之名至者吾從而察之則黃霸之實王成之僞皆見矣以忠直之名至者吾從而察之則劉向之實谷永之僞皆見矣以理財之名至者吾從而察之則劉晏之實裴延齡之僞皆見矣彼皆趍之吾始得而知之是口齒其名乃自獻其實也世之好名者知吾必察其實皆砥礪澡濯言不敢過行譽不敢過情苟實之未副惴惴然惟恐名之聞於上以蹈浮虛之

罰又豈有取名者乎由是言之善爲治者尚名乃所以去名不善爲治者尚實乃所以失實善爲治者天下以名爲實不善爲治者天下以實爲名特在用之如何耳名何負於治哉聞漢宣帝之綜核名實矣不聞其去名也聞諸葛亮之循名責實矣不聞其去名也名者正吾所資以責實之具奈何先去之耶鳴呼无弊之可指爲吏者之所懼也无疾之可見爲醫者之所驚也无名之可稱責實者之所憂也見其弊然後可革見其疾然後可療見

其名然後可核未識其實而先去其名吾不知所以爲治矣抑嘗聞之立高帝之朝而進用儒之說世莫不以爲踈也然用儒者實高帝之所當急立武帝之朝而進偃兵之說世莫不以爲迂也然偃兵者實武帝之所當先處責實之世而論尚名人孰不以爲愚且惑耶然理有似緩而實急事有似異而實同使深識之士心平氣定而思之未有不始而愕終而悟也此亦老氏所謂正言似反者歟

呂祖謙奔競論

天下之害風俗者莫不當禁而不當禁者有一焉曰奔競是也世之禁防多矣不孝不友則有禁僞言僞行則有禁奇技淫巧則有禁奸聲異服則有禁何獨至於奔競乃不當禁耶奔競之名果何從而生耶爵祿在上下皆趨之故名之爲奔則其弊非起於下也爵祿在此彼皆爭之故名之爲競則其弊非起於彼也誘之於上而欲禁之於下誘之於此而欲禁之於彼是猶乞醯而却蚋聚羶而去

蟻雖刀鋸日用亦有所不勝矣大抵上之人輕名器而輒以假人則多爲之禁而奔競益甚上之人惜名器而不以假人則不爲之禁而奔競自消論至於此則奔競不惟不當禁又且不可禁不惟不可禁又且不必禁也何以知其然耶唐虞三代之時禮義修明風俗淳厚凡爲士者三揖而進一辭而退禮如此其峻也三十而仕五十而爵進如此其迂也論定然後官任官然後爵仕如此其難也不傳贄爲臣則不敢見諸侯分如此其嚴也然處

之甚安守之甚固无濡淹之嘆无徼倖之心是豈有法制以驅之乎又豈有刑罰以禁之乎亦曰上之人未嘗啓奔競之門而已盖當是時持黜陟以佐天子者非皐陶稷契之徒即伊尹傅說之儔也持黜陟以佐諸侯者非隨會子交之屬即子產叔向之輩也是數聖賢者以公道而立公朝以公心而臨公選材之外无餘位位之外无餘材天下之士道德苟充爵禄自至初无求於上之人則巍巍廊廟殆爲无求之地故巧者无所用其智貴者无

所用其權詐者无所用其謀謟者无所用其佞貪而往廉而歸躁而往靜而歸於斯時也雖求奔競之名猶不可得況有所謂奔競之禁哉逮德下衰禮義廢風俗薄名器濫爵祿輕不使官求人而使人求官不使上求下而使下求上奔競成風莫之能禦權在於左右則爲之掃門權在於嬖寵則爲之控馬權在於妃主則爲之邑司權在於貴戚則爲之主事高爵重祿如取如攜无不得其欲焉彼介然自守之士十年未調者有之三世不徙者有

之六世不遇者有之利害之相形如此人安得而不奔競乎上之人既誘天下以奔競乃屑屑然制限年之舉嚴三互之法著崇遜之論多見其无益也然則爲人上者不必沮人之奔競勿勸之斯可矣不必罰人之奔競勿賞之斯可矣開其源而塞其流忘其本而齊其末豈不甚可歎哉切嘗譬之朝而趍市騈肩相摩暮而過市掉臂不顧非朝貪而暮廉也朝有所求而暮无所求也一兎走野百人逐之積金在市過者不顧非前争而後遜也前

則未定而後則已定彼爲士者在治古則靜退在後世則奔競豈情性之頓異哉盖治古之爵禄不可求而後世之爵禄可求也治古之爵禄皆有定而後世之爵禄无定也操爵禄之柄者苟端本澄源於上則濟濟多士可以一旦還之於唐虞三代之域矣風俗豈獨厚於古而薄於今耶

呂祖謙內外論

終身坐談不如一時之親見終歲傍觀不如一日之親聞蓋天下之事及之而後知履之而後喻未有不身試之而能盡其詳者也風俗既弊士大夫樂居內而厭居外趨其易而辭其難遂以謂得其理則事不待試而喻知其要則功不必勞而成故不離莘野而割烹之鼎已調不離傅岩而濟川之舟已具不離蟠溪而牧野之陣已成彼為伊傅太公者曷嘗徒勞州縣屈首簿書然後知之哉殊不

知有非常之才而後有非常之舉商有天下六百年其不試而用者二人而已今人輒以此自許何後世之多伊傅耶周有天下八百年其不試而用者一人而已今人輒以此自許何後世之多太公耶多見其不知量也然則用人之道詎可信其虛言而不試之以事乎是以明君將欲付大任於是人必納之於膠擾繁劇之地以觀其材處之於閒暇寂寞之鄉以觀其量使之當險阻艱難以觀其操使之當盤根錯節以觀其斷投之州縣磨之歲

月習之既久養之既深與時東帶而立於朝天下之事莫不逆刃而解然後知其始困之乃所以深愛之也謂以近取譬言之世有愛其子者坐之高堂食之芻豢足跡未嘗及門自以爲愛之之至矣彼鄰人之父則不然使其子躡屩擔簦犯風雨冒霜雪以從師取友十數千里之外伶俜顛頓雖道路之人莫不竊議其父之不慈也及觀其終則有一人焉不辨菽麥頑嚚無知問之何人也乃向之足迹未嘗及門者也有一人焉知類通達爲世名

儒問之何人也乃向之顛頊數千里者也彼爲人父者將使其子無知爲愛耶將使其子有成爲愛耶雖其愚者亦知所擇矣君子之於臣猶父之於子也欲成遠大之器其可循姑息之愛耶世之人自非伊傅之生知太公之絶類乃欲不出都門坐致卿相脫塵埃之賤而日侍燕閒釋朱墨之勞而從容風議舍邊陲之繁而深居禁嚴其初豈不甚羨而可樂哉一旦而有大政事大議論大征伐大典章則將心醉語塞流汗浹背徬徨而不知所對

然後追悔前日之未嘗居外亦無及已歷觀自古公卿以未嘗更事而敗政害民者多矣愚者不必論也不肖者不必論也今獨以世之所共賢者論之賈誼一出長沙而計不自得是誼未免重內而輕外也惟其重內而輕外故於天下之事不能徧察論正朔服色則近乎緩論擊單于頸則近乎夸論三表五餌則近乎疎誼身歷天下之事豈有此失耶蕭望之一爲郡守而內不自得是望之未免重內而輕外也惟其重內而輕外故於天下之事

不能徧察其排馮奉世則近乎迂其耻對獄吏則近乎躁使望之安於居外身歷天下之事豈有此失耶與誼同時者未有居誼之右者也誼猶不可不更外事則下於誼一等者又可知矣與望之同時者未有趍望之之右者也望之猶不可不更外事則下於望之一等者又可知矣昔者孔子之教人未嘗不使之多識天下之事故以天縱之聖而制行未嘗不以已馬其爲乘田爲委吏爲中都者非有司之細務真有所未知也所以使後世知聖

人猶必觀細務也其之齊之衛之陳者非四方之風俗真有所未察也所以使後世知聖人猶必歷四方也故一時高弟有爲季氏宰者有爲中牟宰者有爲莒父宰者有爲費氏宰者家臣之微邑令之賤循循然安處之未嘗有卑小官之意豈非師友淵源固有所自耶嗚呼天下之事有逸必有勞天下之官有貴必有賤皆趍其逸誰任其勞皆樂其貴誰處其賤猶之於身有心腹焉有皮膚焉苟去其皮膚則何以衛心腹猶之於木有本根焉有

枝葉焉苟去其枝葉則何以芘本根若在官者皆欲内而惡外則茫茫禹迹人主誰與共治之耶舉偏救弊抑揚之權正今日所當急

呂祖謙議鄭莊公共叔段

釣者負魚魚何負於釣獵者負獸獸何負於獵莊公負叔段叔段何負於莊公且爲鈎餌以誘魚者釣也爲陷阱以誘獸者獵也不責釣者而責魚之貪餌不責獵者而責獸之投阱天下寧有是邪莊公雄猜陰狠視同氣如寇讐而欲必致之死故匿其機而使之狎縱其欲而使之放養其惡而使之成甲兵之强卒乘之富莊公之鈎餌也百雉之城兩鄙之地莊公之陷阱也彼叔段之冥頑不靈魚

枝葉焉茍去其枝葉則何以芘本根若在官者皆欲內而惡外則茫茫禹迹人主誰與共治之耶舉偏救弊抑揚之權正今日所當急

呂祖謙議鄭莊公共叔段

釣者負魚魚何負於釣獵者負獸獸何負於獵莊公負叔段叔段何負於莊公且爲鉤餌以誘魚者釣也爲陷阱以誘獸者獵也不責釣者而責魚之貪餌不責獵者而責獸之投阱天下寧有是邪莊公雄猜陰狠視同氣如寇讎而欲必致之死故匿其機而使之狎縱其欲而使之放養其惡而使之成甲兵之強卒乘之富莊公之鉤餌也百雉之城兩鄙之地莊公之陷阱也彼叔段之冥頑不靈魚

耳獸耳豈有見鉤餌而不吞過陷阱而不投者哉導之以逆而返誅其逆教之以叛而反討其叛莊公之用心亦險矣莊公之心以謂亟治之則其惡未顯人心不服緩治之則其惡已暴人必無辭其始不問者盖將多叔段之罪而斃之也殊不知叔段之惡日長而莊公之惡與之俱長叔段之罪日深而莊公之罪與之俱深人徒見莊公欲殺一叔段而已吾獨以爲封京之後伐鄢之前其處心積慮曷嘗須臾而忘叔段哉苟興一念是殺一弟也

苟與百念是殺百弟也莊公之罪顧不大於叔段
邪吾嘗反覆考之然後知莊公之心天下之至險
也祭仲之徒不識其機反諫其都城過制不知莊
公正欲其過制諫其厚將得衆不知莊公正欲其
得衆是舉朝之卿大夫皆墮其計中矣考之詩人
不識其機反刺其不勝其母以害其弟不知莊公
正欲得不勝其母之名刺其小不忍以致大亂不
知莊公正欲得小不忍之名是舉國之人皆墮其
計中矣莊公之機心猶未已也魯隱之十一年莊

公封許叔而曰寡人有弟不能和協而使糊其口於四方況能久有許乎其爲此言是莊公欲以欺天下也魯莊之十六年鄭公父定叔出奔魏三年而復之曰不可使共叔無後於鄭則共叔有後於鄭舊矣段之有後是莊公欲以欺後世也旣欺其朝又欺其國又欺天下又欺後世噫嘻岌岌乎險哉莊公之心歟然將欲欺人必先欺其心莊公徒喜人之受吾欺者多而不知吾自欺其心者亦多受欺之害身害也欺人之害心害也哀莫大於心

死而身死亦次之受欺者身雖害而心固自若彼欺人者身雖得志其心固已斷喪無餘矣在彼者所喪甚輕在此者所喪甚重是釣者之自吞鉤餌獵者之自投陷阱也非天下之至拙者詎至此乎故吾始以莊公爲天下之至險終以莊公爲天下之至拙

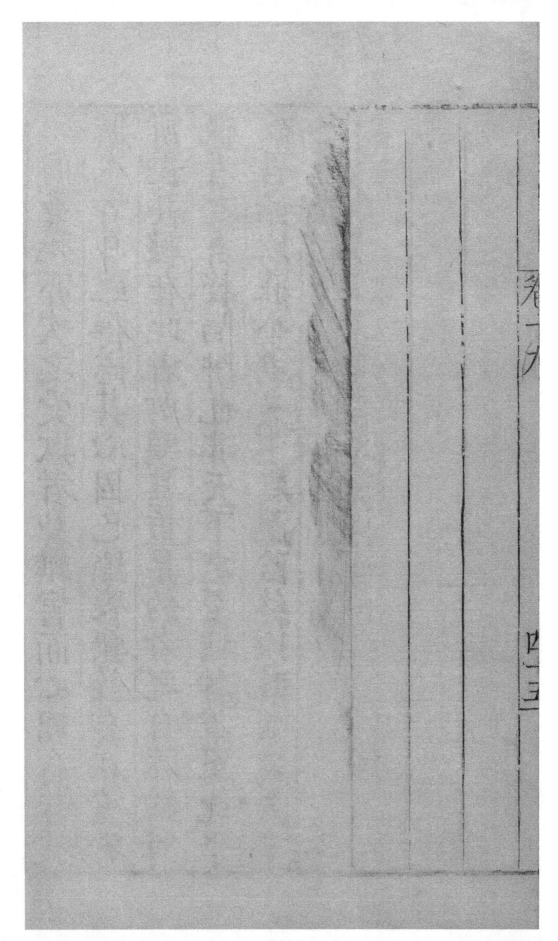

呂祖謙議臧僖伯諫觀魚

進諫之道使人君畏吾之言不若使人君信吾之言使人君信吾之言不若使人君樂吾之言戒之以禍者所以使人君之畏也喻之以理者所以使人君之信也悟之以心者所以使人君之樂也舉天寶之亂而不能輓敬宗驪山之行舉臺城之圍而不能解憲宗佛骨之惑豈非徒以禍戒之而未嘗以理喻之邪論朝會之禮而不能止莊公之觀社論律呂之本而不能已景王之鑄鍾豈非徒以

理喻之而未嘗以心悟之邪盖禍固可使人畏然遇驕慢而不畏者則吾說窮矣理固可使人信然遇昏惑而不信者則吾說窮矣臧僖伯之諫隱公先之以不軌不物之禍次之以蒐狩治兵之理其言深切著明可使人畏可使人信然訖不能回隱公觀魚之轅者殆未嘗以心悟之也彼隱公之心方溺於觀魚之樂雖有顯禍將不暇顧雖有至理將不暇信僖伯無以開其心而徒欲奪其樂亦疎矣爲僖伯者誠能以吾道之樂易觀魚之樂使隱

公之心怡然自得睟於面盎於背暢於四支則將視犬馬聲色珠玉文繡曾土芥瓦礫之不如矣雖與之觀天池之鯤龍門之鯉鬣翻雲而鱗橫海者猶不足以易吾之真樂況一勺之棠水乎吾嘗論之人君之遊宴畏人之言而止者是特不敢爲而未知其不當爲也信人之言而止者知其不當爲惟釋然心悟然後知其不足爲雖勸之亦不肯爲矣

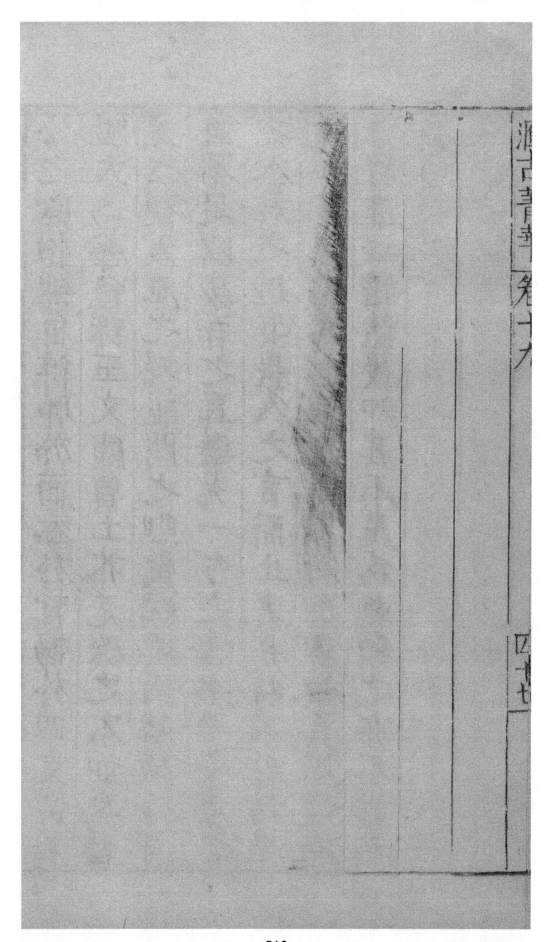

呂祖謙議鄭伯侵陳

天下之事成於懼而敗於忽懼者福之原也忽者禍之門也陳侯以宋衛之强而懼之以鄭之弱而忽之遂以爲鄭何能爲而不許其成及兵連禍結不發於所懼之宋衛而發於所忽之鄭則忽者豈非禍之門邪然則推鄭何能爲之一語實國敗家亡之本古人所謂一言而喪邦者也秦弱百姓而備匈奴豈非懼匈奴之勢强而謂百姓何能爲乎然亡秦者非匈奴也漢抑宗室而任外戚豈非懼

宗室之勢迫而謂外戚何能爲乎然亡漢者非宗室也晉武帝以戎狄何能爲而不徙故卒亡於戎狄隋煬帝以盜賊何能爲而不戒故卒亡於盜賊是則何能爲之一語安得不力詆之人君必謂民怨何能爲故暴虐必謂財匱何能爲故敢淫侈必謂爭臣何能爲故敢拒諫必謂窮兵何能爲故敢黷武是則何能爲者萬惡之所從生也苟不探其本則何能爲之言雖有致亂之端而未有致亂之形雖有可畏之實而未有可畏之迹非知幾之君

子孰能遏滔天之浪於涓涓之始乎

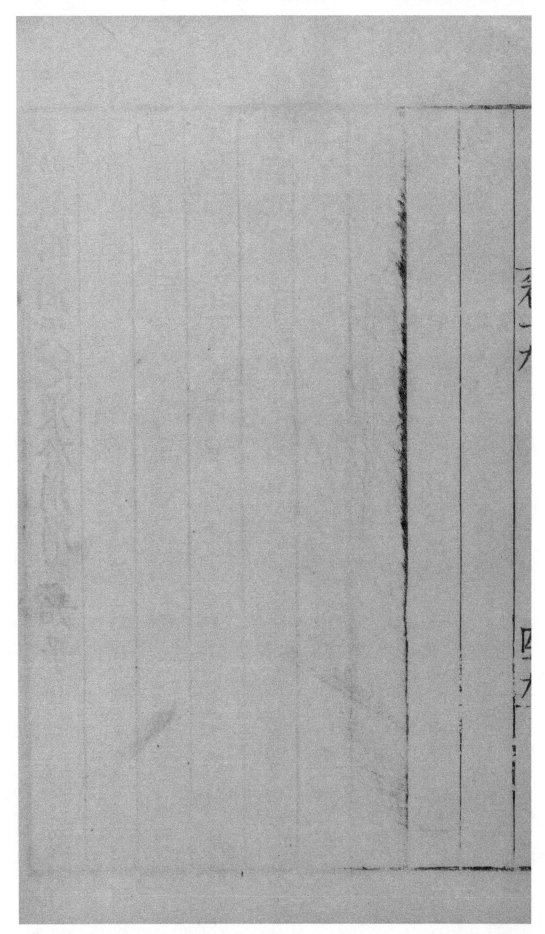

吕祖謙議臧哀伯諫郜鼎

鄰國之賢敵國之讐也權門之良公門之蠹也蕭何韓信之徒高祖視之則爲忠項羽視之則爲賊杜欽谷永之徒王鳳視之則爲忠漢室視之則爲賊然則慕君之忠臣庸非治世之賊臣邪臧哀伯之諫郜鼎其言則是其所與言者則非也臣弒君凡在官者殺無赦子弒父凡在宫者殺無赦威公以弟弒兄以臣弒君凡在魯國者雖牧圉廝養之賤皆可剸音制刃以戮之况哀伯魯之世卿有祿於

國有賦於軍有職於叅寧恐坐視而不救乎力能討則誅之可也力不能討則去之可也今乃低首下心日趨於朝又發忠言以補其闕其於威公信無負矣獨不負於隱公邪斬關之盜人不責其穿窬殺人之囚人不責其鬭毆以斬關而槩穿窬餘事也以殺人而槩鬭毆微罪也彼威公親爲弑逆而不忌況可責其取亂人之一鼎乎宜其說之不納也由前言之則不忠由後言之則不智一進說而二失具焉人謂哀伯爲賢吾不信也嗚呼嚴尤

匈奴之策奇策也然君子不謂之奇以其所告者
王莽耳陳子昂明堂之議正議也然君子不謂之
正以其所告者武后耳臧哀伯郜鼎之諫忠諫也
然君子不謂之忠以其所告者威公耳觀人之言
當先考其所處之地然後聽其所發之言苟失身
於篡逆之區雖有忠言嘉謀未免爲助亂也向若
威公用哀伯之言動遵法義自附於逆取順守之
說則終無彭生之禍而隱公之目永不瞑於地下
矣哀伯之罪顧不大邪吾嘗謂羽父之請爲威公

畫蔑國之謀哀伯之諫爲威公建保國之策始亂者羽父也成亂者哀伯也正名定罪不當置哀伯於羽父之下

吕祖謙議威公文姜如齊

天下同知畏有形之寇而不知畏無形之寇欲之寇人甚於兵革禮之衛人甚於城郭而人每不能守禮者特以欲之寇人無形可見故狎而翫之耳殊不知有形之寇其來有方猶可禦也至於無形之寇游宴之中有陷阱焉談笑之中有戈矛焉堂奥之中有虎豹焉鄉隣之中有戎狄焉藏於杳然冥然之間而發於卒然忽然之際非聖人以禮爲之防則人之類滅久矣國君夫人父母沒則使大

夫寧於兄弟禮也姑姊妹已嫁而反兄弟弗與同席亦禮也是二禮者人不過以爲別嫌明微耳亦未知其爲甚急也及魯威文姜犯是禮以如齊轉眄而罹拉幹之禍身死異國爲天下笑一出於禮而禍遽至此人其可以斯須去禮邪君子視欲如寇視禮如城彼其左右前後伺吾之安守而將肆其吞噬者不可勝數稍怠則墮其守矣吾之所以孤立於爭奪陵犯之塲得保其生者恃禮而已無此禮則無此身陞降俯仰之煩豈不勝於屠戮戕

殺之酷弁冕環佩之拘豈不勝于刀鋸斧鉞之加人徒見君子常處至勞之地而不知君子常處於至安之地也世俗所以厭其煩而惡其拘者亦未見其害耳城之圍於寇有形樓櫓雖密猶恐其疎隍塹雖險猶恐其夷豈有厭樓櫓之太密惡隍塹之大險者哉苟人果能真見無形之寇則終日百拜猶恐其逸曲禮三千猶恐其簡也況敢厭惡其煩與拘邪

呂祖謙議宋萬弑閔公

陛戟警蹕公孫述之待馬援也岸幘迎笑光武之待馬援也以述之肅反取井蛙之譏光武之嫚而援委心焉然則樸遫小禮果非所以待豪傑邪英雄豪悍之士磊落軼蕩出於法度之外爲君者亦當以度外待之破崖岸削邊幅拊背握手以結其情箕踞盛氣以折其驕嘲誚調浪以盡其歡慷慨歌呼出肺肝相示然後足以得其死命是非樂放肆也待豪傑者法當如是也南宮萬之勇聞於諸

侯宋閔公未嘗以法度之士遇之其蘄侮之者豈非欲畧去細謹自謂得待豪傑之法邪然終召萬之怨至於見弑何也袒裼暴虎必馮婦而後可怯夫而試馮婦之術適足以劘虎牙耳古之嫚侮者莫如漢高帝高帝之嫚侮豈徒然哉踞洗以挫黥布隨以王者之供帳嫚駡以挫趙將隨以千戶之侯封用不測之辱施不測之恩降霜霰於炎蒸之時轟雷霆於閑蟄之際顛倒豪傑莫知端倪此高帝所以能鼓舞一世也無鼓舞之術拘則爲公孫

述縱則爲宋閔公何往而不敗哉噫此不足論也
若高帝之術可爲至矣猶有時而窮故嫚侮之患
卒見於末年此所以啟拔劍擊柱之爭而俯就叔
孫通之儀也帝豈不欲早用叔孫通之儀哉彼見
其所謂儀者拘綴苛碎決非武夫悍將所能堪天
下未定而遽行之必失豪傑之心故寧蔑棄禮法
而不顧殊不知名教之中自有樂地豈叔孫輩所
能測哉采微出車東山之詩雨雪寒燠草木禽蟲
僕馬衣裳室家婚姻曲盡人情昵昵如兒女語丈

武周公之待將帥開心見誠蓋如此初未嘗如陋
儒之拘亦不至如後世之縱也高帝明達最易告
語惜乎無以是詩曉之

呂祖謙議齊侯救邢封衛

王者之所憂霸者之所喜也王者憂名霸者喜名名胡爲而可憂邪不經桀之暴民不知有湯不經紂之惡民不知有武使湯武幸而居唐虞之時無害可除無功可見與斯民相忘於無事之域則聖人之志願得矣功因亂而立名因功而生夫豈吾本心邪是故雲霓之望非湯之盛也乃湯之不幸也壺漿之迎非武王之盛也乃武王之不幸也霸者之心異是矣王者恐天下之有亂霸者恐天下

之無亂亂不極則功不大功不大則名不高將隆其名必張其功將張其功必養其亂狄以閔之元年伐邢其後二年而齊始遷邢于夷儀狄以僖之二年滅衛其後二年而齊始封衛于楚丘齊威之恤二國必在於二年之後者何也所以養其亂也齊威之心以爲當二國之始受兵吾亟攘戎狄而却之則亦諸侯救災恤鄰之常耳其迹必不甚奇其事必不甚傳其恩必不甚深曷足以取威定霸哉先饑而後食之則其食美先渴而後飮之則其

飲耳今吾坐養其亂待其社稷已顛都邑已傾屠戮已酷流亡已衆然後徐起而收之援於危蹙顛頹之中置於豐樂平泰之地是邢衛之君無國而有國邢衛之民無身而有身也深仁重施殆將淺九淵而輕九鼎矣故其功名震越光耀赫然爲五霸首向使絶之於萌芽則名安得如是之著邪嗚呼邢衛之難曰君曰卿士曰民肝腦塗中原膏液潤野草苟仁人視之奔走拯救不能一朝居也今齊威徒欲成區區之名安視其死至於二年之久

何其忍邪長人之亂而欲張吾之惠多寇之虐而欲明吾之勲是以萬人之命而易一身之名也是誠何心哉人乍見孺子將入於井怵惕惻隱之心不期而生此人之真心也真心一發森不可禦豈暇計其餘哉有人於此謂彼未入於井而全之其功淺既入於井而全之其功深縮手旁觀俟其既墜乃褰裳濡足而救之則其父母必以爲再生之恩鄉鄰必以爲過人之行義槩凜凜傾動閭里回視前日未入井以救之者父母不謝鄉鄰不稱若

夫不倖然則爲孺子計者寧遇前一人邪寧遇後一人邪噫此王霸之辯也

呂祖謙議衛懿公好鶴

衛懿公以鶴亡其國訛一禽之微而失一國之心人未嘗不撫卷而竊笑者吾以爲懿公未易輕也世徒見丹其頂素其羽二足而六翮者謂之鶴耳抑不知浮華之士高自標致而實無所有者外貌雖人其中亦何以異於鶴哉稷下之盛列第相望大冠長劍褒衣愽帶談天雕龍之辯蠭起泉湧禹行舜移者肩相摩於道然擢筋之難松栢之因曾無窺左足而先應者是亦懿公之鶴也鴻都之興

鳥跡虫篆自衒鬻者日至受爵拜官光寵赫然若可以潤色皇猷及黃巾之起天下震動未聞有畫一策杖一戈佐國家之急是亦懿公之鶴也永嘉之季清言者滿朝一觴一咏傲睨萬物曠懷雅量獨立風塵之表神峰儁拔珠璧相照而五胡之亂屠之不啻机上肉是亦懿公之鶴也普通之際朝談釋而暮言老環坐聽講迭問更難國殆成俗一旦侯景逼臺城士大夫習於驕墮至不能跨馬束手就戮莫敢枝梧是亦懿公之鶴也是數國者乎

居暇日所尊用之人玩其辭藻望其威儀接其議論揖其風度可嘉可仰可慕可親卒然臨之以患難則異於懿公鶴者幾希是獨可輕懿公也哉所用非所養所養非所用使親者處其安而使疎者處其危使貴者受其利而使賤者受其害未有不蹈懿公之禍者也抑吾又有所深感焉鶴之爲禽載於易播於詩雜出騷人墨客之詠其爲人之所貴重非凡禽匹也懿公乘之以軒而舉國疾之視如鴟梟然豈人之憎愛遽變於前邪罪在於處其

非據而已以鶴之素爲人所貴一非其據已爲人疾惡如此苟他禽而處非其據則人疾惡之者復如何邪吾於是乎有感

呂祖謙議葵丘之會

天下之爲治者未嘗無所期也王期於王霸期於霸强期於强不有以約之孰得而射之不有以望之孰得而趨之志也者所以立是期也動也者所以赴是期也效也者所以應是期也汎然而議卒然而行忽然而罷汗漫荒忽無所歸宿者是豈足與爲治哉故期者聖君賢臣所以先天下之治者也期固爲治之先亦或爲治之害自期於强者至彊則止欲挽之使進於霸不可得也自期於霸者

至霸則止欲挽之使進於王不可得也何則其素所期者止於如是也强而止於强霸而止於霸是特安於小耳雖不足肩盛世而追遐軌然下視弱國陋邦所獲不既多矣乎謂之無志則可謂之有害則未也抑不知天下之勢不盛則衰天下之治不進則退强而止於强必不能保其强也霸而止於霸必不能保其霸也驅駿馬而馳峻坂中間豈有駐足之地乎齊威公援管仲於縲囚桎梏之中屬之國政立談之間遽以伯功相期何其壯也所

期既立左國右高前鮑後隰下逮比閭族黨之民夙興夜寐淬厲奮發以赴吾君之所期至於葵丘之會威加諸侯名震四海天子致胙王人下臨環以旌旄崇以壇壝幙帳燎舉有司戒期騈圭交鳥抑首就位弁冕秩秩穆然無聲於是威公降卮遵廷下拜王命與俯跪起之容翼如也環佩衡牙之音鏘如也降寵榮光焜燿在列申以五命之嚴求以載書之信盟約顯命若掞河漢而轟雷霆區區曹許之君出於鼠壤蟻封之中驟見曠古駭俗之

偉觀目眩氣奪莫敢仰視雖平日跋扈倔强不受
控御如晉侯者猶膏車秣馬奔走道路恐干後至
之誅五霸莫髙於威公而威公九合之盟葵丘之
會實居其最一時文物之盛騷人墨客誇談矜語
至于今不衰嗚呼威公素所自期者及葵丘之會
悉償所願滿足無餘種之累年而穫於今日信可
謂不負所期矣所期既滿其心亦滿滿則驕驕則
怠怠則衰近以來宰孔之譏遠以召五公子之亂
孰知盛之極乃衰之始乎吾甞譬威公之功業葵

丘未會之前猶自朔至望之月也浸長而浸盈葵丘既會之後猶自望至晦之月也浸缺而浸盡蓋未滿則有增既滿則招損而已尚安能復增乎甚矣人心之不可滿也威公非不知滿之可戒也所期既滿其心不得不滿也使威公所自期者不止於霸詎肯至霸而滿哉威公之罪在於自期之時而不在於既滿之時也雨暴而沼溢酒暴而卮翻沼之所受有常限卮之所容有常量人之所期有常願踰其限過其量塞其願雖不欲滿而不自知

其滿矣我不爲沼何憂乎十日之霖我不爲巵何憂乎千釀之醴威公素不以霸自期則下視霸功亦蚊虻之過前耳吾以是知自期之不可小也進霸而至於王極天下之所期無在其上者其亦可以息乎曰王道果可息則堯之兢兢舜之業業湯之汲汲何爲者邪

呂祖謙議秦晉遷陸渾之戎

物之相召者捷於風雨地夷而人華者公劉之治豳也以華召華不旋踵而有文武之興王地華而人夷者晉帝之納款也以夷召夷不旋踵而有耶律之俘虜物物相召未嘗不以其類也中天下而畫壤者是爲伊洛萬國莫先焉天地之所合也四時之所交也風雨之所會也陰陽之所和也自伊洛而俯視夷狄不知其幾千百等致使風俗隳壞何至遽淪於戎狄乎辛有一見被髮之祭預期爲

戎於百年之前而秦晉之遷陸渾果不出其所料抑有由矣曠百世而相通者心也跨百里而相合者氣也伊洛之民雖居聲名文物之地然被髮野祭意之所向已在於大荒絶漠之外矣故以心感心以氣動氣安得不爲陸渾之遷哉既爲沮澤潦水自歸既爲夷俗戎狄自至辛有所以能預期於百年之前者非有他術也閒田隙地散在九州者尚多也秦晉必徙於此而不之他焉陸渾亦必居於此而不之他焉是豈嘗擇而處之哉風聲氣習

自相感召默而趍之潛而驅之盖有不能自已者矣是故秦晋非能徙不得不徙陸渾非能居不得不居罪在此而不在彼使在我無召戎之具彼胡爲而來哉嗚呼辛有可謂知幾矣然其言曰不及百年此其然乎吾以爲猶未盡也善惡無定位華夷無定名一渝禮義應時戎狄彼被髪野祭之際固已爲戎矣豈待百年而始爲戎乎陸渾未遷之前戎狄其心者也陸渾旣遷之後戎狄其形者也人徒以秦晋之遷陸渾爲亂華之始不知伊洛之

爲戎久矣豈待氈毳其服穹廬其居侏離其語然後謂之戎哉十九年北海之濵未嘗改蘇武之漢也彼承乾末離唐宮而已突厥矣天下之大可畏者莫大於心之夷狄而要荒之夷狄次之

呂祖謙議楚子問鼎

一夫而抗强敵一言而排大難此衆人之所喜而識者之所憂也楚爲封豕長蛇薦食上國陳師鞠旅觀兵周郊問九鼎之輕重其勢岌岌若岱華嵩岳將覆而未壓王孫滿獨善爲說辭引天援神折其狂僭使楚人卷甲韜戈逡巡自郤文昭武穆鍾簴不移瀍水雒都城闕無改其再造周室之功實在社稷是故衆人之所同喜也夫何憂憂之云者非憂其一時之功喜在今日而憂在他日也天下

之禍不可狃而幸不可恃問鼎大變也國幾亡而祀幾絶王孫滿持辨口以禦之所以楚子退聽者亦幸焉耳周人遂以爲强楚之凶燄如是尚謂吾文告而不敢前異時復有跳梁畿甸者政煩一辨士足矣是狃寇難爲常而真以三寸舌爲可恃也由東遷以來周之君臣上恬下熙奄奄略無立志身不見驪彘之釁口不誦板蕩之詩玩於宴安浸於婾墮君子猶意儻遇禍變庶幾儆懼改前之爲今三代所傳之大寶鎮蠻夷踐扈乃敢睥睨蕩搖

欲以腥膻汗漫之侈然有改玉改步之意禍變孰大於此使王公卿士怵惕祗畏懍覆亡之虞則后稷公劉之業猶有望也適王孫滿之說偶行其君臣相與高枕遂謂吾舌尚存寇至何畏扭其禍而恃其幸開之者非滿歟自是之後相襲成俗問其治國則先文華而後德政問其禦寇則先辨說而後甲兵問其交際鄰邦則先酬對而後信義內觀其實日薄日頹外觀其辭日新日巧典冊絢麗尚如在成康之間形勢陵遲固已若夏商之季矣下

逮戰國吞噬之際猶用滿之餘策虛張九九八十一萬之數以譎齊左欺右紿自矜得計一旦秦兵東出辨不能屈說不能下緩頰長喙噤無所施稽首歸罪苴爲俘虜始知浮語虛詞果有時而不可恃也晚矣哉故曰王孫滿卻楚之功不足償其怠周之罪

楊萬里顏子論

道可遇而不可傳非真不可傳也遇則可傳不遇則不可傳矣何謂遇以吾之有迎彼之有是謂遇遇則不相拒而不遇則不相受不相受而求相傳是煮石以求其爲粥也薪可盡釜可穿而粥不可成何也粥固石之所必無也天下之事從其有而迎其有則其功易取其無而納以有則其功難而況於以道傳人而傳於不相受者耶盖不相受而求其傳吾雖挈然有以與之彼則茫然不知所以

受之吾雖昭然有以示之彼則暗然不知所以覩之彼非不受不覩也彼固無以受無以覩也舉珠玉以授無指而責其不覩指日月以示無目而責其不仰可乎若夫手與目具者惟恐吾之不授不示也授則受示則覩矣不惟授而後受示而後覩也雖不授之猶將取之雖不示之猶將窺之何則彼固有以遇也手與珠玉遇則其取不可禁目與日月遇則其覩不可閉大哉遇乎聖人以道而傳於人不有遇之何以傳之雖然聖人之於人固不

恐以不遇而不傳亦不可以不遇而必傳不遇而不傳天下將以吾爲絶不遇而必傳天下將以吾爲拂拂之則有所不勝而絶之則又有所不悅聖人於此難矣哉以夫子而傳顏子顏子之幸耶曰非顏子之幸也夫子之幸也何也夫子之無難也何也遇而非傳也夫惟遇而非傳是以傳而必遇吾嘗觀夫子與回言終日而回不違其契蓋如此也契原於順順原於遇今夫日能消氷而不能消木豈日之樂乎氷而怯乎木哉氷與日相受而木

與日相悍故也夫子之於回其日之與氷歟何其遇而順順而契也然則回與夫子之契豈夫子之言能啓人而顏子之聽能聽人也耶夫子之言能啓人也則難言之童啓矣回之聽能聽人也則車馬輕裘之言入矣然則夫子之言不以言回之聽也聽不以聽言不以言則言者天也聽不以聽則聽者亦天也以夫子之天觸回之天以回之天感夫子之天是惟無合合則遇矣夫何違之有當其未言回意已傳及其既言回意無外使夫子一

笑而回已領矣而況與之言終日耶或者曰回何功於後學也參如回則無其孝經矣門人皆如回則無論語矣有經而道猶不傳也回也日居於韶濩鍾磬之側而弗考弗擊使有耳者無聞焉非過歟違生疑疑生問問生道而回也不違也嗟乎道以言而通亦以言而塞非言之能塞道也失之也一失而爲訓詁再失而爲辭章言之盛道之衰也不有回之學何以使學者知有妙學哉學者棄其學以學回之妙學則盛者衰衰者盛矣盛者未衰

而衰者未盛曰回之無功於後學也宜也

陳傅良士論

天下之士未嘗不沮於人主之所畏而疾趨乎人主之所喜也節義美名也雖甚庸之君亦知高其名而願致之及見其人鮮有合焉何也畏之也蓋惟忠義之士識高而見疎慮遠而憂大世方無虞若可少安矣而爲之痛哭流涕以發天下大難之端乘輿無甚失德若可少安矣而盡言力諫甚者有幽厲威靈之比百官效職亦無大姦邪未去也而深懼夫指鹿之禍發於朝夕嘉祥美瑞人主之

所罕見而奇焉者則視以爲不足信至於一日月之變一雨暘之愆則又從而尤之曰此疵政之招也射獵歌舞循幸之娛似未足病於治則禁而抑之宵旰之勤吐哺之疲非人之所願爲者則强其必行夫人之情惡危而好安樂因而憚改自庶人達于天子均也而義士常責其所難而危其所欲人主安得而不畏之耶故雖漢武帝唐明皇之賢猶有憚於汲黯韓休之直意視禄趍向天下之人不少也人主方是之畏彼亦孰肯自胃人主之畏

而取疎遠擯斥之苦哉於是乎舉迎其好而逢其欲覘其所向而伺其所歸有所愛也則徇之以爲歡有所懼也則寢之以爲安其意有所可否之間也則兩存之以俟其所自擇其爲術也翺翔而不遽而爲說也進退不甚堅夫然後豢於其說而穽於其術中而莫之辨是以姦欺之患生嗟夫此武帝明皇之所以不免也隕石妖也而方士以爲嘉瑞殺三子大亂也而宰相以措刑受賞大旱之災則曰乾封之祥霪雨之害則曰非禾稼之損武帝

明皇皆英主也初豈可以愚弄也哉惟其畏節義之士故士得以窺其逆順而售其所喜之說而天下皆幾於危亡然則欲養天下之士氣惟受人之所畏而不甘於人之所喜者能之嗚呼人主可不自强哉

李清臣法原

法者何也聖人所以齊天下之動至公大定之制也其原出於道德禮義而其用散於號令賞罰凡有天下之君未嘗有无法而久者也昏世嘗有无法之君矣奈何乎人之多欲而趍亂也如歸市人之多欲而无法以齊之故有臂者攘有足者馳勇者苦怯者而奪其資智者紿（音逮）愚者蔑其有聲色耳目之奉紛紛籍籍其去禽獸者間不容一毫故聖人爲之法使天下强弱小大貴賤遠近莫敢不

一於法焉由法者安不由法者危由法者得其所欲而生不由法者失其所欲而死如是故法立法立而天下之心定而治道畢矣法爲貴君位次之法壞則民亡民亡則君如之何其尊且安也故人主尊法懼法之不立也故以身先之懼天下之慢法而法壞也故一舉事而不敢忘法賞罰以法號令以法取予以法廢置以法殺生以法動靜以法視法如神物而不敢侮如天墜地設不敢輙破壞改易也不以一事小害而損法不以一時苟利而

增法使天下无有不由法而自爲者故智者不得越法而謀辯者不得越法而議士不得背法而有名臣不得背法而有功我喜可抑我怨可窒而法不可離骨肉可刑親愛可滅而法不可屈也故雖成王之叔不得流言而亂政高祖之父不得屈君臣之儀文帝元帝之子不得越王門絶馳道光武之姊不得保臧獲姦使吏民愛若孝王嬖若韓鄧功若陳湯馮奉世義若郭解不免於有司之議而天下不敢私恐其開亂法之原而後爭以爲比也

故明王之法左者不爲右右者不爲左上不奪下
職下不侵上事爲廷尉者不以才有餘而道禮樂
爲太常者不以官優寡事而言刑法士者不爲工
商賈人不爲士也今夫大匠之起巨室彈畫一定
木之曲直大小長短必皆就吾繩墨規矩焉其參
差不齊齟齬不合則斤削燎括而已矣若毀吾彈
畫而從木之情則工勞而事拙紛擾而不可理矣
故聖主立法賢王守法立法者使法必出於道德
禮義而後布之天下以爲法守法者使賞罰號令

必出於法而後以爲賞罰號令法不出於道德禮義者弊法也弊法者非法非法者未久而壞賞罰號令不出於法者弊政也弊政者非政非政者法壞而天下不從故法一則威法二則疑法固則君尊法搖則君削法行則簡要而治多法不行則煩漫而無功今夫一人之寡居深戶之中傳盈尺之紙而風馳霆行殺生廢置人於千里之外提癯夫羸老僅勝衣冠之人付之寸印而坐諸帷幄進退萬夫若羊豕然童子據奧室群湖海之珍怪處女

嬰珠玉而立乎衢塗烏獲戾目而不敢動以法在也故天下視法如藩籬守法如疆界強者以攣縮弱者以安全至哉法乎人君之衛天下所恃而生也闇主則不然不能以法制勝私欲不知已亦恃法而後安故從欲而慢法其意若曰法者我之可自出也何有於法哉暱乎所愛則無勞而封爵有罪而不誅或利害僅如毛芥而輙變大法名分不立百職相侵日革月易不知所循下皆知法之易撓而可踰也則險膚詭譎者舞其私意以動法俾

詖便僻者倚上之恩以貸法悍暴傑徤者奮其亂力以干法如是法亡法亡而民亡民亡而國亡矣如藩籬然臧獲者超履穿究而主人弗禁安能使盜之不窺而保其室中之所有也如封界障隧然其羊童牛牧已嘗有蹊之徑之之跡矣安能制衆人之不來而全其蔬果稼穡也或曰法之說无乃膠固滯事而失於圓通徇物之道歟曰不然法者天下之公也千世之守也大道也通者人臣之私也一時之偷便也短術也法同而治異者吏不能

舉法也吏之罪也法不可輕立亦不可屢變也立
法之主必若禹湯文武漢祖唐宗者也議法之臣
必若臯陶伊尹周召蕭張房杜者也晁錯且尚弗
克況庸人乎切觀今之世朝廷或弛祖宗之法群
下或慢朝廷之法大臣或率胸臆而輕法庸士或
作衆辯而侮法爲牧伯者或擊斷於法外以爲能
臣恐紀綱制度緣是而亂法緣是而亡故作法原

劉子翬秦論

天下不可以力服也以力而勝人者必以力而敗此不惟理之必然亦勢之所必至也秦人之興崛起西戎自襄公能取周也始爲諸侯觀車鄰駟鐵之詩則知秦之所以開國者自甲兵之外無他務周禮之不用而田狩之是樂其立國之本已不正矣尚何責於後世土地日闢之際乎孝公以來專務以富國强兵爲急自商鞅之術一行於是壞井田而開阡陌遺禮義而敗風俗富者極兼并之資

貧者無置錐之地而養民之政不復行父借耰鉏慮有德色母取箕箒立而誶語而教民之善不復存方且連相坐之法造參夷之誅網密牛毛令嚴徙木而秦之政日益苛矣及秦皇繼作畢六王而易之以守宰墟六國而易之以郡縣任刑名之斯用慘刻之髙於是廢六籍之書焚百家之言以愚黔首墮名城殺豪傑收天下之兵聚之咸陽以制郡縣之勢銷鋒鏑鑄金人十二以弱天下之民法苛文峻而挾書則有禁偶語則有誅誹謗則有刑

而斯民始無所措其手足矣又其甚也轉海瀕之粟收太平之賦頭會箕歛竭天下之財以奉其政猶未足以贍其欲而民病於財矣發閭左之戍與長城之役暴兵露師僵尸滿野而民病於役矣獲五甲首隸役五家而斬一首者得爵一級北攻匈奴南伐北粤使行者弗得息往者弗得返而民病於兵矣毀先王之法滅禮義之官專任刑罰躬操文墨執敲朴以鞭笞天下重以貪暴之吏刑戮妄加赭衣半道囹圄成市而民病於刑矣天下已定

始皇之心自以爲關中之固金城千里子孫萬世帝王之業也由是侈封禪求神仙徧巡幸侈然有好大喜功之心而視三代聖人之政不惟姍笑而又仇疾之噫聖人之詩書果何負於秦而秦之自任私智以蕩滅古法仁義不施而勇力之是尚卒使揭竿之夫奮臂一呼山東豪傑並起而亡秦矣向使秦人以先王之法爲法以斯民之心爲心德澤之素孚禮義之素立雖遞二世而至萬世可也而豈亡之亟耶故嘗謂力可以得天下而不可以

守天下勢可以劫天下不可以留天下秦人惟知以勇力之勢爲安强而不知以道德之威爲安强故人心一去秦而天下亦不可挽而留之也不然則章邯之兵非不衆也不能支灞上之眞人敖倉之粟非不富也而適以資劉項之交敵而秦亦何所恃而獨存耶昔賈生之過秦曰仁義之不施而攻守之勢異矣夫秦旣以詐力得天下必無能施仁義之理生之意盖謂秦以逆取而不能以順守是不然攻而不以仁義則不可以攻也守而不以

仁義則不可以守也豈有可以逆取於前而又可以順守於後哉自秦漢皆謂湯武逆取而順守而不知湯武以至仁伐不仁以至義伐不義上順乎天命下順乎人心曾何逆取之有太史公謂賈誼明申韓未有以驗之至是而後見之矣

陳亮宣帝論

治新於人主之作意而其弊也亦自夫作意者遺之也天下之事病於不爲而有爲者奚以弊蓋法之未備則繼之者猶可以有爲法已備則變窮而無所復入也已夫工於謀者有術中之隱患詳於禁者有法外之遺奸求備於民者必將至於不能自勝也古之聖人其圖回治體者不欲震之而使整齊也然寧紓徐容與以待其自化而不敢强其必從自當時觀之疑若其事悶然有不快人意者

而古人不以治之不振而改絃易轍彼誠有見乎此也漢至宣帝八葉矣承武昭之後欺謾虛僞之弊不少也帝憤百缺之呈露思所以振刷而一新之故作意以有爲而治效立至不可謂非其整齊之力君子徐觀其治效之源委似有可議者何也治之在天下可以求備也必求備則有所不可備捷出而乘其後故風林无寧翼急湍无縱鱗操權急者无重臣持法深者无善治奸宄之熾皆由夫禁網之嚴罅漏之多亦由夫防閑之密故聖人寧

受不足之名而推其有餘以遺後人不忍盡用其術以求多於天下蟄斯民之耳目於標枝野鹿之風不忍斲其樸以啓其鷗鳥不下之機禮足以使之遜則已不過求其盡曲折纖悉之儀法足以使之畏則已不過求其備節目品式之繁彼猶安於蕢桴土鼓也則笙簧管絃之可備而不之用彼猶安於上棟下宇也則山節藻梲之可為而不之示古人非惡夫成而固遲之也而憂其成之速而弊也非惡夫備而固缺之也而慮其備之極而巧也

至于成周則適遭夫窮而有不得已焉者而或者以爲周之文能備古之所未備吁豈周人之福哉此其後所以爲秦也已炎漢初興猶有古人之遺意所以建立規模經畫治體者務在寬厚斲雕破觚與其民盱盱睢睢而法令禮文之事皆不敢窮其至懼其有以震之也八傳而至宣帝厭薄俗之陋嫉奸吏之孅踐祚以來賞之信罰之必斷斷乎不可移凜凜乎不可犯雖趙蓋韓楊之賢一犯三尺曾不少貸天下徤其誅之之決而快其用法之

信樞機之客品式之具爬梳天下曾無遺髮民心震惕士氣精明而帝之法始詳於天下吁詳天下之法者帝也而促赤帝子之脉者亦帝也彼漢家之治莫備於帝而漢家寬厚之澤至帝已槁无餘潤矣元成繼之豈可復爲哉此无他作意以爲之也大凡不事事者過於不爲好生事者過於有爲不爲者雖不足以善治而繼之者猶可以用其力過於有爲者非惟不足以善治而燕翼之謀不可以復爲故凡近質者猶可措其未施之智而盡飾

者盖滋其无已之情孔子曰虞夏之道寡怨於民
商周之道不勝其弊吁聖人固憂虞夏之治不可
復見也况於宣帝逞其巧以求備天下之文潛其
機以戰天下於才智之中則後世何以爲繼或曰
元成之優遊是以其治至於陵替吁是則然耳後
世窮其所終而追正其所自則宣帝求備之過也
人之疾也其藥之則效其砭之則達必其未嘗試
也及其久也瀆於藥則補之弗滿矣頑於砭則刺
之弗動矣宣帝之於民補之滿而刺之深矣雖使

越人復生巳无所施其巧元成其如何向使宣帝不改文景之恭儉而法之不求備則君子何訾焉惜夫

謝枋得與魏參政書

九月吉日前宋逋播臣大元游民謝某謹齋沐頓首致書于大參政公閣下大元制世民物一新宋室逋臣只欠一死上天降才其生也有日其死也有時某願一死全節久矣所恨時未至耳大元慈仁如天不妄殺一忠臣義士雖曰文天祥被奸民誣告而枉死後來寃狀明白奸民亦正典刑其待亡國之逋臣可謂厚矣某雖至愚極闇豈不知恩所以寧爲民不爲官者忠臣不事二君烈女不事

二夫此天地間常道也有伊尹之志則何事非君何使非民若伯夷柳下惠則自知不能爲伊尹決不敢學伊尹矣自丙戌程御史號雪樓將隆旨宣喚之後今第五次蒙大元以禮招徠上有堯舜下有巢由上有成湯下有隨光上有周武下有夷齊其所以效虞人之死而不往願學夷齊之死而不仕者正欲使天下萬世知大元之量可與爲堯舜可與爲湯武能使謝某不失臣節視死如歸也茲蒙大叅相公拘管周先生道院日夜勞動録事司吏

卒十餘人及坊正屋主監守豈不憂某之逃走耶某是男兒死即死耳不可爲不義屈何必逃走大叅相公憂慮亦大勞矣先民有言慷慨赴死易從容就義難某茲蒙大叅相公縲絏而到大都以縲絰見留忠齋諸公且問諸公容一謝某聽其爲大元閑民於大元治道何損殺一謝某成其爲大宋死節於大元治道何益只恐前誤大宋後誤大元上帝監觀必有報應諸公自無面目立於天地間某母喪未葬據禮經不可除服只當縗絰見公卿

凶服不可入君門大元有命當歷寫江南官吏貪酷生靈愁苦之狀作萬年書獻陛下一聽進退忠臣不事二君烈女不事二夫此某書中第一義也某自九月十一日離嘉禾即不食煙火今則并勺水一果不入口矣惟願速死與周夷齊漢龔勝同垂青史可以愧天下萬世爲臣不忠者茲蒙頒賜仰見禮士之盛心某聞之食人之粟者當分人之憂衣人之衣者當任人之勞乘人之車者當載人之難某既以死自處度此生不能報荅恩遇矣義

不敢拜受所以鈞翰臺餽事件盡交還來使回納使帑外郎又傳鈞旨云欲訪問某何事某初志亦願效一得之愚今則決不敢矣魯有公甫文伯死其母敬姜不哭室老曰焉有子死而不哭者夫其母曰孔子聖人也再逐於魯而此子不能從今其死也未聞有長者來內人皆行哭失聲閨中自殺者二此子也必於婦人厚而於長者薄也吾所以不哭君子曰此言出於母之口不害其爲賢母也若出於婦人之口則不免爲妬婦矣言一也所居

之位異則人心變矣其義不出仕者也今雖有忠
謀奇計則人必以爲妬婦矣恐徒爲天下所笑惟
相度容之干冒鈞嚴不勝悚慄

孫洙論資格

三代而下選舉之法何紛紛乎其法始得者終必失也故孝廉之始得也人務本行也其終失也計口謬舉也辟舉之始得也人樂自脩也其終失也流競成俗也限年之始得也敦德養器也其終失也少成不貴也九品之始得也家舉人與也其終失也愛憎在吏也清議之始得也名實相尚也其終失也浮僞相沮也銓選之始得也權不外假也其終失也美惡同流也故孝廉失之謬辟舉失之

詭限年失之同九品失之偽銓選失之雜是六者之法皆足以救一時而不足以通百世也故始終各有得失焉今始終一切皆失者其國家資格之法乎臣請言其弊今賢材之伏於下者資格閡之也職業之廢於官者資格牽之也士之寡廉鮮耻者爭於資格也民之困於虐政暴吏資格之人衆也萬事之所以抗弊百吏之所以廢弛法制之所以頹爛決潰而不之救者皆資格之失也惟天之生大賢大德也非以私厚其人將使之輔生民之

治者也惟人之有大材大智者非以獨樂其身將以振生民之窮者也今小人累日而取貴仕君子側身而困卑位賢者戴不肖於上而愚者役智者於下爵不考德祿不授能故曰賢材之伏於下者資格閡之也才足以堪其任小拘歲月而妨之矣力不足以稱其位增累攷級而得之矣所得非所求也所求非所任也位不度才功不察實故曰職業之廢於官者資格牽之也今夫計歲閱而爭年勞者日夜相鬬也有司獵一名差一級則攝衣而

群争愬矣其甚者或懷黄敕而置於丞相之前也其行義去市賈者亡幾耳故曰士之寡廉鮮耻者争于貲格也來而暴一邑既歲滿矣又去而虐一州也非以贓敗至死不黜虎吏劘牙而食於民賢者欝死於巖穴而赤子不得愛其父母也故曰民之困於虐政暴吏者貲格之人衆也夫貲格之法起於後魏崔亮而復行之於唐之裴光庭是二子者其當世固以罪之不待後世之譏矣然而行之前世不過數十年者也後得稱職者矯而更之故

其患不大今資格之弊流漫根結踵爲常法方且世世而遵行之矣往者不知非來者不知矯故曰萬事抗弊百吏廢弛法制頹爛決潰而不之救也雖然不無小利也小便也利之者蠢愚而廢滯者也便之者耄老而昏庸者也而於天下國家焉則大失也大害也然而提選部者亦以是法爲簡而易守也百品千群不復銓敘人物而綜覈功實一吏在前勘簿呼名而授之矣坐廟堂者亦以是法爲要而易行也大官大職列籍按氏差第日月遝

然而登之矣上下相昌而賢才之去愈遠可爲太息也爲今之急誠宜大蠲弊法簡拔異能爵以功爲先後用以才爲序次無以積勤累勞者爲高敘無以深資久考者爲優選智愚以別善否陳前而萬事不治庶功不熙者臣愚未嘗聞也

滙古菁華卷十九終